AF327838

DE LA LIBERTÉ ET DE LA RESTRICTION

DANS LES ÉCHANGES ENNRE LES PEUPLES,

ET DES TRAITÉS DE COMMERCE.

Ch. Duriez, imp. à Senlis.

DE LA LIBERTÉ

ET

DE LA RESTRICTION

DANS LES

ÉCHANGES ENTRE LES PEUPLES,

ET

DES TRAITÉS DE COMMERCE;

Par D. M. C.

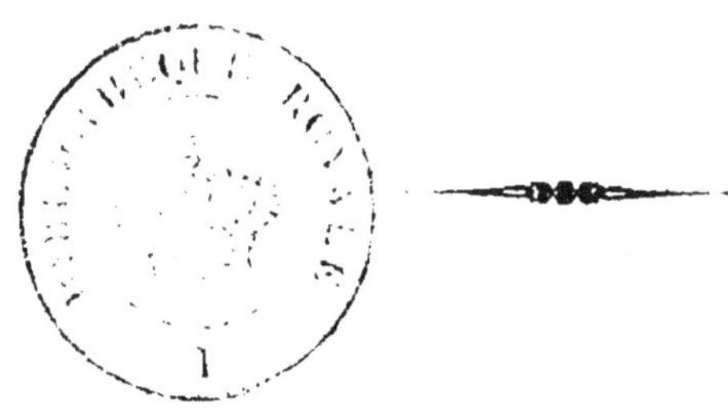

PARIS.

GUILLAUMIN, LIBRAIRE,

Éditeur du Dictionnaire du Commerce et des Marchandises, du Journal des Économistes,

de la *Collection des principaux Économistes*, etc., etc.,

RUE RICHELIEU, 14.

1845.

LIBERTÉ ET DE LA RESTRICTION

DANS LES ÉCHANGES ENTRE LES PEUPLES.

CHAPITRE PREMIER.

ÉTAT DE LA QUESTION.

L'homme, placé sur la terre pour y perpétuer son espèce, a été doué de deux puissants mobiles : l'amour de soi et l'amour de sa race; l'un contient tous les instincts égoïstes, l'autre tous les sentiments de justice et d'humanité. Plus l'homme a besoin de combattre contre tout ce qui l'entoure pour maintenir son existence, plus les instincts égoïstes ont de force et dominent chez lui. Les autres sentiments ne se développent qu'à mesure que ses besoins individuels exigent moins de soins et d'efforts. Ces propositions ne sauraient être sérieusement contestées; l'histoire de tous les peuples les prouverait au besoin. Si donc l'amour de nos semblables se développe progressivement avec nos moyens d'existence, l'augmentation de la richesse publique et sa meilleure distribution doivent attirer toute l'attention et toute la sollicitude des vrais amis de l'humanité.

Ce n'est donc pas un présage aussi funeste que le prétendent certains écrivains, que les intérêts matériels aient absorbé puissamment l'attention des peuples et des gouvernements. Les conquêtes paisibles de la richesse par le travail doivent changer la face de la terre et les constitutions politiques des peuples. Le pays qui devancera les autres dans cette voie pacifique acquerra sur eux l'influence que donnait autrefois la force des armes et la gloire militaire. Produire et échanger étant deux choses principalement essentielles pour marcher vers ce but, et la loi sur les douanes présentée aux chambres dans la session dernière devant avoir, en ce qui nous regarde, une si grande influence sur la production et les échanges, nous croyons devoir apporter le fruit de nos réflexions dans les débats de ce problème difficile et compliqué; tribut chétif, à la vérité, mais sincère et désintéressé.

La divergence des opinions sur la solution du problème que nous nous proposons d'examiner, devra nous rendre très circonspect dans nos affirmations; surtout, lorsqu'après avoir été partisan dévoué du principe de la liberté illimitée du commerce, nous avons cru devoir modifier nos opinions, et cru reconnaître que ce principe de la science pure exige, pour être appliqué à l'avantage réciproque des parties, des conditions préalables, dont l'existence ne se réalisera peut-être jamais complètement dans l'organisation des sociétés : la division et l'opposition des intérêts y apporteront long-temps, sinon toujours, d'insurmontables obstacles.

La question des échanges, c'est-à-dire du commerce ex-térieur, émeut depuis longtemps tous les intérêts. Des écrits, des pétitions sont lancés de tous les points de la France : les uns prêchant la liberté commerciale , prônant les unions douanières et les traités de commerce comme un ache-minement vers le but qu'ils poursuivent; les autres sou-tenant la nécessité et l'avantage d'une protection illimitée en faveur de toutes les industries, soit agricoles, soit manufac-turières, et repoussant toute tentative d'union de douanes et de traités de commerce. Dans ces débats, les intérêts em-pruntent le drapeau du bien public; mais l'homme n'y est vu que de profil par les parties : l'une le considère exclusive-ment sous sa face de consommateur, l'autre ne voit en lui qu'un producteur, comme si ces deux faces du même indi-vidu appartenaient à deux êtres différents.

Les économistes, mus seulement par l'amour de la science et par le désir de propager leurs théorèmes, sont venus mê-ler leur voix aux débats. Confiants dans leurs principes, ils croyaient convaincre les intérêts : ceux-ci, loin d'être con-vaincus, n'en combattent qu'avec plus d'acharnement.

Les produits, disent-ils, sont d'autant plus abondants, et à des prix d'autant plus bas, qu'ils sont créés dans les con-ditions les plus favorables. La consommation en est d'autant plus grande qu'ils deviennent à la portée d'un plus grand nombre de consommateurs. Les hommes ont des aptitudes et les terres des qualités productives qui leur sont naturelles. Si vous leur faites produire ce qui leur convient, les produits deviennent abondants, et avec la liberté du commerce, vous échangez un produit qui vous coûte peu contre un autre produit que d'autres nations ont créé dans des conditions également avantageuses; chacun donne peu pour avoir beau-coup, tandis que, par le système contraire, vous contraignez les populations à créer leurs produits dans un ensemble de conditions défavorables, et vous agissez aussi aveuglement que si vous vouliez faire croître avec profit l'olivier et la vigne dans les pays du nord. Produisez donc ce qui est le plus en rapport avec vos forces productives : abaissez vos barrières sans aucune crainte, et comme dans ce moment tous les peuples sont accablés sous le poids de leurs productions, vous ne manquerez pas de gens qui vous offriront leurs produits. Prenez, et comme en définitive on ne peut payer un produit qu'avec un produit, il faudra bien que l'on prenne celui que vous offrirez, à moins, toutefois, que ne l'on ne vous donne pour rien les produits que vous aurez achetés.

Quand même vos vendeurs exigeraient de l'argent, qu'importe, donnez de l'argent; est-ce que l'argent lui-même n'est pas un produit? si vous ne possédez pas de mine, vous ne pouvez l'avoir acquis que par l'échange d'un produit que vous avez créé et exporté. Eh bien! vous échangerez encore des produits de votre création avec les peuples qui ont des mines, et même avec ceux à qui vous donnez de l'argent, car l'argent se répand comme l'eau qui prend son niveau; partout où il est plus abondant, il diminue de valeur, et il y a de l'avantage pour les deux parties à le changer contre un produit. Tous les règlements que l'on a faits pour en prohiber la sortie d'un pays, ont-ils jamais pu l'empêcher de se répandre partout? Non, les états qui ont décrété des peines sévères contre la sortie de l'argent, se sont trouvés en définitive ceux qui en possédaient le moins. Donc la liberté commerciale entre les nations, obligeant tous les peuples à employer leurs forces productives aux objets pour lesquels ils ont le plus d'aptitude, et qui conviennent le plus au climat qu'ils habitent, rend les produits plus abondants, et a pour résultat final de favoriser également la production et la consommation; donc aussi, abondance générale, demande de travail dans tous les genres de productions, salaires élevés et produits à bon marché.

Non-seulement, disent-ils, la liberté des échanges a pour résultat l'amélioration des conditions matérielles des peuples, mais elle tend encore à établir entre eux des rapports nécessaires, qui ont pour effet de les unir par la satisfaction mutuelle de leurs besoins; à faire éclore en eux ce sentiment de fraternité et de solidarité sur lequel on fonde l'avenir moral des sociétés; car si l'histoire prouve que les peuples s'éclairent et se civilisent par leurs rapports commerciaux,

la science économique démontre également qu'ils sont solidaires dans les produits du travail et dans les progrès de la
richesse; que plus un peuple est riche, plus il offre d'objets
d'échange aux autres peuples, plus il excite et stimule leur
activité et contribue à les enrichir. Il n'y a rien à échanger ni
a gagner avec les peuples indolents et ignorants.

On ne peut disconvenir que l'on ne soit tout d'abord pré-
venu en faveur de ces principes : ils paraissent logiques, fé-
conds, civilisateurs et pacifiques. Cependant s'ils produisent
infailliblement de si heureuses conséquences, pourquoi tous
les peuples un peu avancés en civilisation, livrés, ou voulant
se livrer à l'industrie manufacturière; ceux que l'on regarde
comme les plus éclairés, font-ils justement tout le contraire?
On serait tenté de conclure que ces principes ne sont pas
aussi incontestables que les économistes l'affirment, ou que
des obstacles insurmontables s'opposent à leur application,
puisqu'aucun peuple industrieux, éclairé et libre dans ses
déterminations, n'a encore essayé de s'adjuger les immenses
avantages qu'ils promettent. Bien plus, nous voyons les États
qui s'occupent de leurs intérêts s'éloigner du système de la
liberté commerciale, à mesure que leur richesse et leur population augmentent comme si le travail national ne pouvait se soutenir que par le système contraire.

Ce dernier système paraît être assis sur des bases mobiles
et entourées d'une certaine obscurité. Ayant été établi à diverses époques et sur divers plans, ses formes ne se développent pas nettement. Il s'est appelé successivement colber-
tisme, système mercantile, restrictif, manufacturier, protecteur. Il est né dans un temps où l'on regardait l'agent comme
la principale richesse d'un État, comme le mobile et l'instru-
ment unique de la production et du travail. Le commerce
extérieur était fait en vue seulement d'amasser du numéraire. Un état proclamait sa supériorité commerciale, lorsqu'après avoir établi ses comptes d'achat et de vente de
marchandises avec les autres nations, il en résultait en sa
faveur une balance qu'il concluait avoir reçue, ou devoir recevoir en métaux précieux : augmenter le numéraire dans
un État, disaient les peuples, est la seule voie pour s'enrichir;
et chacun crut pendant longtemps cumuler ainsi des profits. Tel qui avait la confiance d'en avoir le plus amassé, se
trouva celui qui en avait le moins. On reconnut alors que le
numéraire s'enfuit d'un pays comme le liquide d'un vase trop
plein, et qu'il n'y en reste qu'autant que les besoins l'exigent.

On reconnut aussi que l'on peut y suppléer en partie, et que l'Angleterre, quoique possédant infiniment moins de numéraire relativement, avait pourtant amassé d'immenses richesses.

En présence de ce résultat, il fallait bien renoncer à s'étayer de la balance du commerce, puisqu'elle était reconnue fausse dans son effet si longtemps préconisé. Aujourd'hui, les adversaires du commerce libre n'osent plus mettre en avant ce mot tombé dans le discrédit. Ils disent maintenant : « Une nation doit produire tous les objets dont elle a besoin, quand même la production en serait beaucoup plus coûteuse que partout ailleurs ; quand même elle pourrait les obtenir par des échanges avec beaucoup moins de travail ; » comme si le but des efforts de l'homme était de travailler, et non de produire la plus grande somme de richesse par le travail ! « Elle doit, ajoutent-ils, éloigner de son marché tous les produits étrangers ; et si elle consent à faire des échanges, c'est à la condition de recevoir des matières premières contre des produits agricoles ou manufacturés, parvenus à leur dernière période de confection. » On voit que cette dernière forme d'opposition à la liberté des échanges touche de très près au système prohibitif, et n'est pas un progrès sur la première forme, c'est-à-dire sur le système mercantile. Dans l'autre, au moins, les échanges étaient permis et reconnus favorables quand il en résultait un solde reçu en argent : aujourd'hui, en appliquant les principes du système dans toutes leurs conséquences, il n'y a plus d'échanges possibles, puisque chaque nation veut exporter des marchandises propres à être livrées à la consommation, et qu'aucune n'en veut recevoir.

On ne peut méconnaître que ce système poussé, dans ses dernières conséquences, ne se présente sous une apparence d'absurdité incontestable : il rend les échanges absolument impossibles, il tend à isoler les peuples, à rendre stériles les uns pour les autres et leurs aptitudes spéciales, et les qualités productives particulières aux climats.

D'une part, la science crie liberté du commerce, avantages toujours réciproques entre les nations dans les échanges des produits quels qu'ils soient. Argent ou marchandises, qu'importe, échangez et vous gagnerez. De l'autre part, les producteurs disent : Nous repoussons toute concurrence sur le marché national, tout produit étranger similaire au nôtre doit être prohibé. Nous ne voulons vendre que pour de l'argent, à moins que l'on ne nous offre des matières premières propres à nos fabriques et que notre sol ne produit pas.

Notre gouvernement, balancé dans ces flots d'opinions contraires, attiré par la voix séduisante de la science, s'avance d'un pas vers la liberté commerciale; mais tout aussitôt, rappelé par les cris de détresse des producteurs, il rétrograde de deux dans le système restrictif. Les professeurs d'économie politique, rétribués sur le budget alloué et payé par les producteurs, prêchent dans leurs chaires la liberté absolue des échanges, dont le nom seul jette ceux-ci dans des transes mortelles. Le gouvernement, ballotté dans ce conflit, cache soigneusement sa pensée : aux uns il accorde la protection, aux autres des traités de commerce qui facilitent nos importations et amoindrissent nos débouchés.

Il est notoire que les sociétés modernes sont agitées d'une passion dominante, impérieuse, irrésistible : c'est la conquête de la richesse au moyen du travail. Mais comment se balanceront entre elles les bénéfices des échanges, c'est ce que personne ne saurait dire. A qui des producteurs ou des économistes restera la victoire dans les débats qui s'agitent? la science restera-t-elle bloquée dans l'enceinte des spéculations sans pouvoir jamais appliquer ses principes? En est-il de ses théories comme de la communauté des biens, qui, pour des êtres plus parfaits, serait la panacée à tous les maux, mais que ne comportent pas les infirmités de notre nature? Si les déductions de la science sont vraies et compatibles avec l'intérêt général, la science triomphera. D'un autre côté, la ligue des intérêts est puissante et obstinée : si les économistes font des adeptes, le système restrictif étend son réseau de plus en plus. Les débats seront longs et animés. Il s'agit de savoir quelle attitude nous devons prendre pour le plus grand avantage de nos intérêts comme pays agricole et manufacturier, si nous devons abaisser progressivement nos barrières, ainsi que le prêchent les économistes, ou si au contraire nous devons les fortifier à mesure que notre richesse augmente, et que nous faisons des progrès dans l'œuvre de la production.

—

CHAPITRE II.

RÉFLEXIONS SUR QUELQUES DOCTRINES D'ÉCONOMIE POLITIQUE.

L'état de la question étant posé, nous avons à examiner si la liberté commerciale est avantageuse à tous les peuples; si elle l'est également pour tous, et, si elle ne l'est pas également, dans quelles conditions doit se trouver un pays pour en tirer le plus grand avantage; si cet avantage plus grand qu'elle octroie à un peuple, est au détriment des autres peuples, ou s'il concourt aussi à leurs progrès dans la création de la richesse, si les unions douanières et les traités de commerce sont de l'essence du système de la liberté du commerce et un moyen pour y parvenir, ou s'ils appartiennent plutôt au système protecteur; et enfin quel est le règlement que nous devons adopter pour maintenir et accroître notre richesse.

Avant tout, nous devons mettre en lumière quelques doctrines d'économie politique, qui devront nous guider dans les considérations que nous allons émettre pour formuler notre opinion.

Les besoins sont les mobiles de la production, et la consommation, la somme des besoins satisfaits. Plus les peuples sont civilisés, plus leurs besoins sont multipliés et exigent des produits nombreux et variés pour leur satisfaction : il y a évidemment un rapport très étroit entre la consommation et la production : l'une commande à l'autre et lui communique son activité; car le travail étant une peine, les hommes ne s'y soumettent que quand ils y sont forcés par l'exigence et l'impérieux commandement des besoins. On parait douter que l'activité de la consommation soit un bien : autant vaudrait dire que l'abondance des produits est un mal. Par quoi les habitants de l'Angleterre et de l'Amérique du nord sont-ils si puissamment excités au travail? n'est-ce pas par l'activité de leurs consommations? Si dans un État la consommation est active et abondante, la production l'est également, et le peuple, quand des circonstances fâcheuses surviennent, peut retrancher beaucoup de sa consommation avant d'être réduit au strict nécessaire, tandis que si ce strict nécessaire est sa condition habituelle, la moindre réduction le plonge tout aussitôt dans la misère.

Les économistes distinguent les produits du travail en divers espèces de capitaux. Nous ne les suivrons pas dans ces distinctions, parce qu'elles ne sont pas nécessaires à l'objet qui nous occupe, nous dirons seulement que tout ce qui est produit, que tous les effets du travail de l'homme doivent servir médiatement ou immédiatement à la satisfaction de ses besoins, qu'ils soient consommés directement ou échangés, ou bien réservés pour servir d'argent ou d'instruments de production. De là deux sortes de productions : celle qui doit servir plus ou moins immédiatement et directement à la satisfaction de nos besoins, et qui doit être dans une certaine période de temps, détruite par la consommation et reproduite par le travail. L'autre qui n'est créée que dans la vue d'augmenter nos moyens de production, ou qui doit pendant longtemps servir à la satisfaction de certaines jouissances [1]. On concevra qu'il n'est pas indifférent que l'une s'accroisse dans une plus grande proportion que l'autre, et réciproquement. Si la première s'accroît proportionnellement plus que l'autre, le bien-être des générations présentes est plus grand ; si c'est au contraire la seconde qui augmente, tandis que la première reste stationnaire, ses effets se réaliseront plus tard au profit des générations futures, et principalement au profit de ceux qui possèdent les agents de la production; et si cette augmentation avait pour effet de diminuer la première espèce de production, bien que la richesse générale fût plus grande, le bien-être de la génération présente se trouverait pourtant diminué.

Les économistes disent aussi que l'épargne est le seul moyen d'accroître les capitaux et la production, et que les peuples ne peuvent s'enrichir que par elle. Cette proposition a besoin d'être expliquée.

Nous avons dit que la première espèce de production devait, dans une certaine période de temps, être consommée pour la satisfaction de nos besoins actuels, et reproduite par le travail. L'épargne aura pour effet de prolonger le terme de cette consommation. Pendant ce temps la même quantité seulement de ces produits devra être créée de nouveau; car si la quantité augmentait, la consommation durerait encore plus longtemps. Cet état de choses aurait pour effet de diminuer le travail de la production; la nation travaillerait moins, mais elle aurait moins de jouissances. Pour que l'épargne dans ce cas soit profitable pour l'avenir, et pour qu'elle augmente la richesse nationale, il faut que le travail ne soit pas diminué, mais dirigé pour créer des produits de la seconde espèce, ou bien que les hommes s'initient, pendant cette plus

---

[1] Cette division pourrait ne pas paraître assez rigoureuse : celle des économistes en capitaux fixes et en capitaux circulants ne l'est pas davantage; car il y a bien des produits que l'on peut comprendre indifféremment dans l'une ou dans l'autre catégorie. Que tel produit soit rangé dans les capitaux fixes ou dans les capitaux circulants, cela ne tire pas à conséquence. Une plus grande exactitude dans notre division n'est pas plus facile : elle n'est pas d'ailleurs nécessaire pour les conséquences que nous avons à en tirer.

longue durée de la consommation, dans la connaissnce des moyens propres à effectuer plus de travail dans un temps donné. Si donc l'épargne a lieu sans que les travaux soient dirigés vers la seconde espèce de production, les peuples souffrent et s'appauvrissent : il y a comme on le voit un rapport très intime entre la consommation et la production. Les peuples ne peuvent augmenter leur bien-être qu'en produisant davantage pendant un temps donné sans que la consommation diminue, et ils ne prospèrent qu'à la condition de multiplier leurs produits dans les deux espèces de production et d'en augmenter la consommation.

Aujourd'hui que les peuples n'ont rien tant à cœur que de produire ce qu'ils consomment, et de s'enrichir par le travail, plus ils consommeront, plus sera grand ce désir de s'enrichir. Cependant la science prétend qu'il n'y a que ceux qui sont enclins à épargner qui accroissent leurs capitaux. D'un autre côté, il est démontré que les peuples économes qui consomment peu, sont généralement les plus pauvres. Pour que l'épargne accroisse les capitaux, il faut qu'elle soit faite avec le désir d'un accroissement de consommation ; c'est-à-dire avec le désir d'accroître nos jouissances ; car si la consommation des produits qui devait durer un an a été prolongée pendant quinze mois, dans la vue seulement de diminuer le travail, l'aisance, le bien-être sera restreint dans la même proportion : l'ouvrier restera inoccupé et privé de salaire. La meilleure condition pour le bonheur des peuples, et pour l'accumulation des richesses, c'est une consommation rapide et une production encore plus accélérée. L'épargne, qui a pour résultat de diminuer la consommation en même temps que la demande du travail, est ce qu'il y a de plus funeste pour l'ouvrier, puisqu'elle rend les produits moins abondants concurremment avec la diminution des salaires.

L'argent, dit-on, est un produit de même nature que tous les autres produits : sa valeur est relative au besoin qu'on en a, à son abondance, aux frais d'extraction et d'affinage qu'il nécessite ; il s'échange avec les autres produits dans une proportion combinée avec la demande et la quantité. Cela est juste, si on le considère exclusivement comme le produit du travail de l'homme ; mais il a d'autres propriétés essentielles qu'il ne faut pas perdre de vue. Il est le véhicule et la base de tous les échanges qui se font entre tous les particuliers et tous les peuples ; il réprésente, au moment de l'échange, une valeur fixe et connue de tous ; la même pour tous les peuples dans le commerce général, et cette valeur n'est pas exposée, au moins pendant un temps assez prolongé, à ces fluctuations brusques et fréquentes qui affectent les autres produits ; il est accepté partout en échange contre tous les autres produits; il peut être conservé indéfiniment sans se détériorer ; enfin il représente une créance liquide, réalisable et divisible selon la convenance et les besoins du possesseur ; ou si nous voulons nous servir d'une formule commerciale, nous dirons que par la possession d'une somme d'argent, on devient porteur d'un mandat tiré sur tout le monde, payable en toutes sortes de produits, à la volonté du porteur, et divisible à l'infini.

Si l'on offrait à un économiste qui soutient que l'argent est un produit comme tous les autres, des denrées ou des étoffes en payement de ses revenus ou de son traitement, il y a cent à parier contre un qu'il les refuserait ; ou s'il les acceptait, ce ne serait qu'après s'être assuré qu'il trouvera bientôt à les échanger contre de l'argent ; et encore ne les accepterat-il que pour une valeur réduite, afin d'être indemnisé de l'embarras que lui causera cet échange. En refusant ces marchandises, il agira conformément aux notions communes, qui diffèrent des principes de la science pure, par ce que d'abord il n'est pas certain de la valeur positive des produits qu'on lui offre au lieu d'une somme d'argent ; ensuite ces produits peuvent diminuer de valeur d'un instant à l'autre ; et enfin il ne peut pas les conserver et les diviser, comme le numéraire, jusqu'à la plus petite parcelle, pour se procurer à chaque instant les objets dont il a besoin.

Les mêmes raisons existent dans le commerce de peuple à peuple. L'acheteur ne rencontre de barrière nulle part : il trouve tout le monde désireux de lui vendre. L'approche du vendeur, au contraire, est défendue par des barrières qu'il ne peut franchir qu'après s'être soumis à une série de formalités vexatoires, et avoir abandonné au fisc une portion souvent fort considérable de sa marchandise. Quand il a surmonté tous les obstacles qu'on lui oppose, il se met à la recherche d'un acheteur toujours difficile à trouver, et qui lui impose la loi la plus dure. Echanger du numéraire contre de la marchandise, ou acheter, est tout autre chose que d'échanger des marchandises contre de l'argent. On voit que les propriétés de l'argent sont bien différentes de celles des autres produits, que l'on n'achète que dans la vue d'une consommation prochaine.

Dans presque tous les écrits qui ont paru sur la question qui nous occupe, on a divisé la nation en deux classes, les producteurs et les consommateurs. Il faut également s'entendre sur cette division, car elle n'existe que par une abstraction de l'esprit. On n'est consommateur qu'à la condition d'être producteur, ou de prendre par privilège une part dans la production : tout ce qui affecte la production retombe autant sur le consommateur que sur le producteur. Si nous sommes producteurs en ce sens que nous possédons une terre, un capital, un bien quelconque qui sert à la production, nous ne le prêtons au véritable producteur, que sous la condition de prendre une part dans les produits; et chacun sait que cette part est proportionnelle à la quantité des produits créés. Si donc, par une mesure quelconque, la production diminue, est-ce que la part de chacun n'est pas diminuée dans la même proportion? Le fonctionnaire public, qui en apparence semble étranger à la production, n'en est pas moins soumis à la même loi, et si l'on en doutait, il n'y aurait qu'à jeter les yeux sur ce qui ce passe en Angleterre et en Espagne : en Angleterre, tous les fonctionnaires sont largement rétribués, parce que la production y est immense; en Espagne, au contraire, nous voyons qu'ils n'ont que de chétifs appointements, et encore ne les reçoivent-ils que très rarement. En définitive, personne ne peut exister qu'en prélevant une part sur les produits du travail : plus le travail est productif, plus cette part est grande. Ceux qui se posent comme les défenseurs des consommateurs, ne veulent pas s'apercevoir que ce qu'ils nous offrent d'une main, il faut qu'ils nous l'enlèvent de l'autre.

Le bas prix des produits n'est pas toujours un signe certain qu'ils soient à la portée d'un plus grand nombre de consommateurs, ni que la consommation en soit plus grande. Partout où les communications manquent et où le commerce est nul, les produits peuvent être à bas prix sans qu'ils soient abondants. Quand les français pénétrèrent dans l'intérieur de l'Algérie, les produits y étaient pour rien, si l'on en compare le prix à celui qu'ils avaient en Europe. On se tromperait pourtant si l'on croyait que les habitants étaient dans l'abondance, les écus et les produits étaient rares, et la pénurie était aussi grande des uns que des autres.

Si les produits peuvent être rares et à bon marché, ils peuvent être aussi abondants et chers en même temps, si le numéraire est également abondant : le prix des choses n'est que le rapport proportionnel de quantité avec l'argent. Un produit est à bas prix quand il devient relativement plus abondant qu'un autre produit; la quantité de numéraire échangée contre l'un et l'autre en est la mesure. Une cravate de mousseline que l'on obtient aujourd'hui pour un franc en coûtait cinq du temps de l'empire, tandis que le blé est encore au même prix; il n'en faudrait pas conclure que ce tissu est cinq fois plus abondant, car rien n'indique ni ne prouve ce rapport; ce que l'on peut affirmer, c'est que les moyens de production ont été tellement simplifiés, et sont devenus tellement peu coûteux, qu'on a pu les livrer à ce prix, et que la consommation a dû en augmenter considérablement. La quantité de produits obtenue pour une journée de travail, serait une mesure plus certaine d'abondance. Cependant, nous voyons dans les crises commerciales les produits abondants et à bas prix, et les salaires si minimes que l'ouvrier n'obtient pour son travail que la nourriture la plus chétive.

Ainsi le bien-être général ne peut se déduire avec certitude ni du bon marché, ni de l'abondance, ni même de la grande production : il est proportionnel à la quantité des choses utiles consommées dans un temps donné, et à la part accordée au travail.

—

CHAPITRE III.

DE LA LIBERTÉ ET DE LA RESTRICTION DANS LES ÉCHANGES DES PRODUITS ET DE QUESTIONS Y RELATIVES.

Maintenant que nous avons passé en revue quelques doctrines économiques, et que nous les avons examinées succinctement dans leurs rapports avec les questions que nous avons posées, nous allons passer à l'examen de celles-ci.

Si la liberté commerciale avait été pratiquée jusqu'à ce jour, en tous lieux et en tous temps, la division du travail se serait établie entre tous les peuples selon les divers dégrés de civilisation, l'étendue des libertés civiles et politiques, la fertilité et les qualités productives des terres, la position climatérique des lieux, la facilité des communications, les aptitudes des habitants, etc.; mais il ne faut pas croire pourtant que cette division aurait été définitive à une époque quelconque. Les causes que nous venons d'énumérer devant éprouver des modifications continuelles, l'auraient soumise à leurs influences relatives et combinées. Par exemple, en ce qui concerne les produits agricoles, des communications faciles, ouvertes jusqu'au centre d'un pays auraient pu modifier d'une manière sensible cette division du travail : de même l'application de la mécanique à la production manufacturière aurait pu opérer des changements beaucoup plus importants.

Pour que cette division puisse s'établir d'une manière quelque peu constante, il faut que les lumières, l'activité, les procédés du travail aient pénétré chez tous les peuples à peu près également, pour qu'ils aient pu féconder et développer les richesses qu'ils doivent tenir de leur position et de leurs aptitudes, sans quoi ils se supplanteraient continuellement les uns les autres dans la création des produits, à mesure que la science et le désir du bien-être ouvriraient devant eux la carrière naturelle et spéciale à leur activité. Il n'est pas difficile de reconnaître que les nations, même celles de l'Europe, les plus éclairées de toutes, sont encore loin d'être arrivées à ce point d'égalité dans la civilisation et dans les connaissances nécessaires à la division définitive du travail de la production.

D'un autre côté, cette inégalité dans la civilisation des peuples et leur isolement, en opposant un obstacle constant à la circulation et à la consommation des produits, a été, pour chacun d'eux, une protection naturelle contre la concurrence des autres. En effet, si la protection des industries existe depuis peu comme système, elle a toujours existé en fait beaucoup plus efficacement, en proportion que l'on recule dans le temps, tant par l'état de guerre continuel que par l'absence de moyens de communication : la protection systématique n'a pris naissance et ne s'est développée que graduellement à l'affaiblissement de l'autre, et c'est justement pour se défendre contre les perturbations que la plus grande facilité des échanges apportait dans l'économie du travail, que les gouvernements l'ont mise en pratique; c'est encore par la même raison, que les peuples qui veulent se créer une industrie, élèvent des barrières à l'entrée des produits étrangers, moyen auquel ils n'auraient pas été obligés de recourir autrefois, lorsqu'ils étaient suffisamment protégés par la difficulté des communications, par la rareté et la cherté de la production, privée qu'elle était des capitaux nécessaires, et des moyens mécaniques, qui jettent tout-à-coup des masses de produits dans le commerce. On peut donc dire que la naissance et l'extension des industries chez les peuples de l'Europe, procèdent de la protection, soit naturelle, soit artificielle.

Cet état de choses est-il la cause des crises fréquentes et soudaines qui arrêtent la production, plongent les travailleurs dans la plus grande détresse, et jettent son existence à la merci de la charité publique? est-ce par un aveuglement funeste que les gouvernements persistent dans cette voie de malheur, tandis que la science leur crie que la liberté des échanges répandra partout le travail et l'abondance? cette liberté est-elle possible, et la science, dans tous les cas, n'exagère-t-elle pas ses promesses?

Si les maximes et les principes que professent les humanitaires s'étaient infiltrés dans tous les cœurs, les gouvernements seraient bientôt amenés à proclamer la liberté des échanges, comme conséquence de cette union solidaire entre les peuples que prêchent aussi les économistes. Mais aussi longtemps que des disparités si grandes existeront dans les intérêts et dans les conditions du travail, il n'est pas possible à un esprit sérieux de l'espérer. Il ne faut rien de moins, pour que la liberté des échanges soit praticable, que des lois fiscales semblables, des règlements analogues sur la production et la consommation, un degré de civilisation à peu près égal, et enfin la paix perpétuelle entre les peuples. Peut-on croire qu'un temps viendra où de telles conditions seront réalisées? Il est vrai que depuis trente ans les peuples de l'Europe ont fait de grands progrès vers l'union et la paix, et que l'avenir en promet encore de plus grands. L'ardeur avec laquelle ils se livrent aux travaux pacifiques de la production, les grandes dépenses qu'ils font comme d'un commun accord pour construire ces voies rapides de communication, les soins que prennent les gouvernements pour faire pénétrer l'instruction jusque dans la classe la plus infime de la société, sont des indices certains que l'humanité s'avance à grands pas vers un avenir meilleur. Cependant, malgré tous ces heureux indices, malgré que les gouvernements semblent reconnaître que l'abondance des produits du travail est le premier fondement [1] de l'amélioration matérielle et morale de l'homme, ils n'en sont pas moins unanimes pour protéger leurs industries particulières contre la concurrence de leurs voisins : chacun convoite des profits au détriment des autres, et défend ses intérêts avec une ardeur qui est loin d'être fraternelle.

---

[1] Nous n'avons pas besoin de faire observer que nous ne nous occupons que des causes matérielles.

La science prétend que quel que soit l'état de la production dans les divers pays, et quelle que soit leur organisation civile et politique, la liberté commerciale n'est pas moins avantageuse à tous, parce qu'il y a toujours bénéfice réciproque dans l'échange d'un produit, et que l'on ne peut faire le commerce qu'en échangeant un produit contre un produit.

Ce principe, vrai en lui-même, qu'il est toujours avantageux d'échanger un produit contre un produit, celui que l'on donne étant préféré à celui que l'on reçoit, ne souffre-t-il pas de nombreuses exceptions? Certainement, si l'on sépare l'intérêt individuel de celui de la communauté, il y aura toujours avantage; mais cet avantage ne peut-il pas compromettre d'autres intérêts? la jouissance actuelle d'un membre de l'association, ne pourrait-elle pas nuire à l'intérêt général, et surtout à ses progrès futurs dans la production de la richesse nationale? C'est là qu'est le véritable point de la discussion, point que les défenseurs du système de protection, prétendent résolu contre leurs adversaires, par l'assentiment et la conduite de tous les gouvernements. Cependant, comme la question est complexe et très compliquée; que cet assentiment et cette conduite sont en opposition avec les principes de la science, il faut voir comment certaines circonstances de l'existence d'un peuple peuvent rendre désavantageuse pour lui l'application complète de ces principes.

Voici un exemple qui peut s'appliquer à mille autres cas plus ou moins analogues.

La Pologne échange son blé et son lin contre des étoffes qu'on lui apporte d'Angleterre. Supposons que les Polonais ont la liberté d'agir conformément à leurs intérêts, et qu'il s'agit de délibérer sur les moyens à prendre pour augmenter la production, afin de donner du travail au peuple et de soulager ses souffrances. Un Polonais croit avoir découvert les causes de la détresse du pays, et il les explique ainsi à ses compatriotes :

« Le commerce que nous faisons avec l'Angleterre nous est désavantageux pour plusieurs causes : d'abord le blé est un produit encombrant et très coûteux à transporter; il n'arrive aux lieux de consommation que chargé de frais considérables, qui sont supportés par les producteurs. Chaque pays ayant un très grand intérêt à cultiver cette denrée si nécessaire, il arrive que, dans les années un peu abondantes, chacun en a suffisamment pour sa consommation.

L'Angleterre même ne nous en achète que très peu, et à très bas prix; de sorte que très souvent le blé est sans valeur dans nos mains. Les provinces de l'intérieur sont même entièrement privées de cette ressource en tout temps, par le défaut de communication, qui rend impossible le transport à de grandes distances d'une marchandise aussi pesante.

« Il est à remarquer, en outre, que les malheureux serfs, travaillant à l'agriculture, ne sont employés utilement que la moitié de l'année; si on les occupait à fabriquer des étoffes pendant le temps qu'ils n'ont rien à faire, nous ne serions pas obligés de donner notre blé aux Anglais pour nous en procurer. La richesse nationale serait augmentée de toute la valeur des étoffes, puisque nous aurions à notre disposition la totalité des deux produits : ils seraient échangés entre nous, et consommés par nous. Nos travailleurs, au lieu de se nourrir de pain d'avoine, mangeraient du pain de froment; l'avoine servirait à nourrir et à engraisser le bétail, qui serait meilleur et plus nombreux; nous serions tous beaucoup mieux nourris et aussi bien vêtus qu'auparavant.

« Il est une autre chose également très importante, c'est que les établissements qui accroissent la production et la consommation, telles que routes et canaux, chemins de fer, protection pour l'homme et pour ses biens, ne peuvent être effectués et maintenus que dans les pays riches et peuplés, à cause des grandes dépenses qu'ils nécessitent, dépenses qui sont au-dessus des forces de notre pauvre et faible population, et qui sont aussi hors de proportion avec l'utilité que nous pouvons en retirer. Si nos moyens d'existence augmentent comme je viens de vous le prouver, notre population ne tardera pas à augmenter dans la même proportion. Cette dernière considération n'est nullement à dédaigner dans un pays comme le nôtre, entourés comme nous le sommes de peuples puissants et envahisseurs; vous savez qu'entre peuples la force seule fait la loi, et nous avons besoin d'être forts pour reconquérir et défendre notre indépendance.

« Pour arriver au but que je vous propose, nous n'avons qu'à nous servir du moyen qui a si bien réussi aux autres peuples : protéger les industries nationales par un droit d'entrée sur les produits similaires étrangers. L'Angleterre elle-même nous a donné la mesure du résultat que nous devons en attendre; son industrie et sa marine n'ont pris une extension si colossale qu'à la faveur de ce procédé, appliqué rigoureusement et poursuivi avec persévérance. Le blé que nous envoyons dans ce pays y est frappé d'un droit d'entrée excessif; de sorte que les ouvriers que nous y entretenons pour y fabriquer les étoffes que l'on nous envoie, ne nous livrent que le quart des produits que nous payons avec la valeur de notre blé, la moitié étant prise par le fisc, l'autre quart par le navigateur et le commerçant. Quand nos nationaux auront acquis l'habileté des ouvriers anglais, nous obtiendrons chez nous quatre fois autant d'étoffes pour la même quantité de blé. »

Prenons un autre exemple : un cultivateur échange avec un fabricant de tissus, les produits de sa culture contre des étoffes; il remarque que la famille du fabricant est mieux vêtue et mieux nourrie que la sienne; d'un autre côté lui et les siens sont oisifs une grande partie de l'année, les travaux de l'agriculture ne s'exécutant qu'à des époques déterminées. La vue du bien-être de l'autre famille excitant son imagination et son activité, il dit aux siens : « Vous voyez que nous sommes obligés de donner nos meilleurs produits pour nous procurer des étoffes, tandis que nous sommes oisifs plusieurs mois de l'année. Si nous nous occupions à en fabriquer pendant nos moments de loisir, nous aurions la même quantité de denrées et des étoffes de plus ; nous serions en conséquence mieux nourris et mieux vêtus. Au lieu d'échanger toute notre laine et tout notre lin contre de la toile et du drap, nous en confectionnerons une partie, nous gagnerons par ce moyen le prix de la main d'œuvre et le bénéfice de fabrication. Je sais bien que notre travail sera très peu productif d'abord, parce que nous n'y sommes pas habitués, et que nous serons obligés de confectionner les instruments nécessaires, autre travail auquel nous ne sommes pas non plus initiés. Mais il faut que vous sachiez, mes enfants, que c'est une loi de la nature, que tout enfantement est douloureux, comme tout travail est pénible. Sachez aussi, pourtant, que tout cède devant le courage et la persévérance, et que nous deviendrons avec le temps et l'habitude aussi habiles que nos rivaux; que nous produirons également bien un jour les denrées et les étoffes, et que nous aurons des unes et des autres en abondance.

« Il est vrai que lorsque nous produirons toutes les étoffes dont nous avons besoin, l'autre famille ne pourra plus acheter nos denrées, et que, pour exister, elle se verra forcée de cultiver la terre, afin d'obtenir directement les produits qu'elle ne peut plus se procurer par l'échange de ses étoffes. Cela ne doit cependant pas nous arrêter; vous savez que la richesse étant égale à la somme des produits créés, et le bien-être consistant dans leur usage, étant plus riches, ayant plus de choses utiles à consommer, il est évident que nous aurons plus de jouissances, seulement nous serons obligés de travailler davantage. »

Voyons les objections de l'économie politique. Elle dira aux Polonais : Si vous échangez contre des étoffes votre blé et votre lin, c'est que ces derniers produits vous coûtent moins cher à produire que les premiers. Les capitaux ne peuvent être employés tout à la fois à produire l'un et l'autre objet; si vous les transportez à la production des étoffes, vous produirez certainement moins de blé, et comme la production des étoffes vous est moins favorable, la valeur totale de votre production sera diminuée. Vos ouvriers, habitués au travail des champs, vous donneront également un moindre produit, quand ils seront employés au travail manufacturier qu'ils ne connaissent pas : vous éprouverez donc une double perte, un moindre intérêt de vos capitaux et un travail moins productif pour un salaire supérieur. Ensuite, si vous prohibez l'entrée des étoffes, le gouvernement anglais peut aussi prohiber l'entrée de votre blé en Angleterre; et comme vous ne pouvez tout à coup confectionner assez d'étoffes pour votre consommation, vous ne serez plus vêtus, et votre blé vous restera; et comme aussi l'on ne produit pas sans consommer, votre blé n'étant plus consommé, vous cesserez d'en produire. Loin donc que votre richesse augmente comme vous le prétendez, elle sera considérablement amoindrie.

Et vous, agriculteurs, vous oubliez que la division du travail multiplie la production en augmentant l'habileté du producteur; que si vous portez votre attention et vos soins à la production de plusieurs objets à la fois, vous vous exposez à les mal réussir tous, et à rester toute votre vie, vous et vos enfants, des ouvriers très médiocres. Dans votre ignorance des principes, vous retournez à l'enfance de la production, où chacun était obligé de suffire à tous ses besoins. En restant agriculteur, les connaissances et l'habileté dans votre profession prendront continuellement une extension qui vous permettra d'accroître progressivement les produits de votre travail : contentez-vous donc d'échanger ces produits, et vous deviendrez beaucoup plus riche qu'autrement. La liberté des échanges a aussi un but plus grand que les petits calculs de votre intérêt personnel : elle embrasse le bonheur de l'humanité toute entière : sa fin définitive est d'augmenter les produits en diminuant le travail; enfin moins de labeur pour l'homme et plus de jouissances.

Voilà des raisons puissantes de part et d'autre. On ne peut nier que la liberté des échanges ne soit un puissant moyen pour concourir au bonheur général de l'humanité; et si elle avait été pratiquée partout jusqu'à ce jour, au lieu du système contraire, un gouvernement serait bien coupable en préférant ce système de restriction à la liberté des échanges des produits du travail de l'homme. Mais cette liberté ne peut accomplir ses promesses, qu'escortée de la paix perpétuelle; et celle-ci est considérée jusqu'à présent comme une utopie, une illusion d'hommes généreux, dont la plume est mue plus par le cœur que par la raison. Quant à présent, les États doivent être considérés comme autant d'associations ayant des intérêts distincts, et devant se défendre chacune contre toutes les autres, pour se maintenir et progresser dans leur force et dans leur richesse.

Des deux exemples que nous avons choisis, l'un s'applique à une nation peu avancée en industrie, échangeant ses produits avec une autre nation protégée dans son commerce, n'ayant elle-même établi aucun règlement de cette nature. L'autre, dans les conditions d'une liberté entière de part et d'autre, puisque nous avons pris un agriculteur échangeant ses produits contre ceux d'un manufacturier du même pays, n'ayant l'un et l'autre d'autre règle à suivre que les calculs de leurs intérêts respectifs.

Rappelons d'abord le principe qui doit nous guider dans la solution de la question : la richesse d'un peuple, comme celle d'un particulier, est la somme totale de sa production.

Dans les deux exemples ci-dessus, les raisons de la science seraient concluantes, si le travail des Polonais ou de la famille d'agriculteurs était un *maximum* qui ne pût être dépassé. Dans ce cas, il est évident qu'il y aurait perte dans la mutation de travail. Il en est de même du capital qui n'est pas non plus une somme fixe qui ne puisse diminuer ou augmenter : il est créé successivement par le travail et sert progressivement de moyen pour l'activer et le féconder : ils sont, pour ainsi dire, solidaires et simultanés dans leurs progrès. Dans la question qui nous occupe, nous avons supposé des moments de loisir, pendant lesquels un travail nouveau pouvait être effectué sans préjudice pour l'ancienne production. Ce nouveau travail consistera d'abord dans la construction des instruments nécessaires à la confection des étoffes, et puis dans la confection de celles-ci : ce sera alors un surcroît de capital acquis par le travail; il servira à lui donner de l'activité et à accroître la richesse générale.

C'est ainsi que toujours les capitaux se forment et s'accroissent. On prend du bois et du fer que l'on transforme en machines, qui, sous cette forme utile et productive, ont acquis une valeur considérable, et puis on s'en sert pour transformer les matières brutes en vêtements, en meubles, en ustensiles, qui deviennent d'une valeur en échange et en usage beaucoup plus grande. Les nations industrieuses ne font pas autre chose pour devenir riches : elles travaillent pour créer la richesse et pour l'augmenter; celles qui ne travaillent pas ou qui travaillent peu restent toujours pauvres.

La division du travail est certainement une excellente chose ; nous sommes loin de le contester; seulement nous pensons que l'on en exagère les effets quand on veut l'étendre aux nations. Quand la production dépend des qualités du sol, il y a avantage à tirer tout le parti possible de cette dispensation de la nature, et il y aurait folie à la dédaigner. La division du travail est commandée dans ce cas, et elle devient obligatoire pour la raison; mais s'il s'agit du travail manufacturier, tous les peuples placés dans un climat tempéré peuvent s'y livrer avec les mêmes avantages. Pourquoi les Allemands ou les Français ne fabriqueraient-ils pas des étoffes de coton et de lin aussi bien que les Anglais? Où est la loi de la nature qui octroie ce privilège à ce dernier peuple à l'exclusion des autres? Que ceux-ci soient actifs, laborieux et persévérants, ils réussiront aussi bien.

On peut faire beaucoup d'autres suppositions : ces deux exemples suffisent pour démontrer que celui qui peut produire plusieurs objets dans le même temps, augmente sa richesse et son bien-être, malgré que ces objets soient produits dans des conditions relativement défavorables. Un peuple doit être considéré dans son ensemble comme un grand atelier, dont les produits sont échangés contre ceux d'autres peuples qui sont aussi de grands ateliers. Toute la question est de savoir s'il y a chez ce peuple assez de bras pour produire tout à la fois, les objets de sa production actuelle et une partie de ceux qu'il achète. L'abondance des produits chez tous les peuples de l'Europe, la concurrence qu'ils se font mutuellement, l'énergie de leurs efforts pour vendre leurs produits, prouvent assez que les bras ne manquent pas à la production, mais que ce sont les débouchés qui manquent au travail ; que c'est la raison pour laquelle les peuples sont si avides de vendre sans acheter ; que, dans ces circonstances, il est sage et prudent de produire ce que l'on consomme autant qu'il est possible dans le pays même, sans quoi l'on s'expose à acheter sans pouvoir se libérer en échange de produits, et à consommer sans travailler.

L'économie politique excipe encore d'un autre argument qu'elle croit victorieux. « Vous vous plaignez, dit-elle, de manquer des objets nécessaires à la satisfaction de vos besoins, et cependant vous reconnaissez que vous êtes dans les conditions les plus favorables pour la production du blé et du lin, votre fâcheuse position n'est due qu'à votre ignorance des principes de la science; car si vous étiez bien convaincus qu'un produit ne peut s'échanger que contre un produit, vous vous efforceriez d'abord de produire du blé et du lin en abondance, puis vous achèteriez tous les objets qui vous manquent en offrant en échange vos produits à vos créanciers. Il faudra bien qu'ils se paient de cette manière, à moins que l'on ne vous fasse présent de ce que vous aurez acheté. Si l'on vous demande de l'argent, donnez-en; vous ne devez pas craindre d'en manquer jamais; car l'argent est lui-même un produit, et il est régi par la même loi que tous les autres. S'il devient rare chez vous, il augmentera de valeur, et les autres peuples auront un avantage certain à vous en apporter pour l'échanger contre vos marchandises.

Au premier aperçu, ces raisons paraissent sérieuses; mais en réfléchissant que les transactions commerciales ne se font ainsi ni entre les individus ni entre les peuples, on est bientôt forcé de conclure qu'une erreur capitale est cachée sous cette apparence. Cette erreur ne prendrait-elle pas naissance dans cette affirmation que l'argent est un produit comme tous les autres *produits*?

L'argent, comme nous l'avons dit, sert de véhicule et de base pour tous les échanges entre les individus et les nations. Sa valeur est exempte de ces fluctuations brusques qui affectent celle des autres produits, qui peuvent, dans l'espace de quelques mois, même dans l'espace de quelques jours, doubler de valeur ou diminuer de moitié : celle de l'argent, sans être absolument fixe, ne peut être affectée sensiblement dans l'espace de quelques années : à chaque époque, elle est la même pour tous les peuples dans leurs rapports commerciaux. Une pièce de cinq francs peut bien avoir une grande valeur

dans la poche d'un pauvre homme, mais aussitôt qu'il l'en re-
tire, il n'obtient pas en échange la moindre parcelle de marchandise de plus qu'un riche qui en a plein des tonnes. Il en
est de même d'un peuple; son numéraire, devenu rare, augmente de valeur et représente une plus grande quantité de
produits, mais une fois hors du pays, il perd tout à coup cette
valeur fictive, et le peuple le plus riche achète, avec son argent, autant de marchandises que le peuple le plus pauvre.

Supposons que la Pologne ait suivi le conseil de la science,
et qu'après avoir acheté beaucoup de marchandises qu'elle
a payées avec des métaux précieux, le numéraire y soit devenu rare et cher; que le blé, au lieu d'y valoir quinze francs
l'hectolitre, n'en vaille plus que dix, et qu'à ce prix les marchés extérieurs lui soient ouverts, il est certain que tout ou
partie de l'argent disparu du pays y sera rapporté pour y
être échangé contre le blé; mais il n'en résulte pas moins
une perte énorme pour les producteurs polonais. Comment
le blé qui valait quinze francs l'hectolitre, quand ceux-ci
n'achetaient des étoffes qu'à mesure de la vente du blé, a-t-il
pu descendre à dix francs par l'effet du changement de système? Le voici: les Polonais, en achetant beaucoup d'étoffes
en Angleterre, ont contribué à y rendre l'argent plus abondant et il a diminué de valeur; c'est-à-dire qu'il en a fallu
davantage pour acheter des étoffes: celles-ci y sont devenues
plus chères en diminuant de quantité par les achats qui ont
été faits. Par l'effet contraire, l'argent devenant plus rare en
Pologne, il en fallait moins pour acheter du blé: cet effet se
prolongeant pendant un certain temps, il est évident que les
étoffes anglaises ont progressivement augmenté de valeur,
tandis que le blé ne cessait de diminuer en Pologne, double
cause de ruine pour ce pays.

Quand nous disons que tout l'argent a pu rentrer en Pologne, lorsque le blé y est descendu au prix de dix francs
l'hectolitre, cela a pu être vrai d'abord quand le blé y était
abondant, mais cette abondance n'a pu être durable, parce
que les bénéfices du cultivateur, en se réduisant continuellement, ont dû faire abandonner la culture des terres moins
productives, à mesure qu'elles cessaient de couvrir les frais
de production. La rentrée du numéraire a dû décroître proportionnellement à l'abaissement du prix et de la production du blé; de sorte que, par un résultat nécessaire de la
continuation d'un tel commerce, une époque est arrivée où
les habitants de la Pologne n'ont eu que peu de blé à don-

ner en échange de quelques étoffes communes. On conçoit
que, dans cet état de choses, le travail est peu demandé, les
salaires très bas, la production languissante ; les commerçants font faillite, le dénuement et la misère couvrent tout
le pays.

Il est vrai que si la liberté des échanges était l'état général du commerce, les Polonais auraient pour leur blé des
débouchés beaucoup plus étendus. Plusieurs nations pourraient en avoir besoin en même temps, et le prix en serait
plus uniforme. Dans l'état de liberté, le mal que nous venons
de signaler serait bien amoindri, et sauf les changements
soudains dans la valeur des produits, changements dus à une
fécondité exceptionnelle dans un pays, ou à l'invention de
quelques puissantes machines qui accélèrent le travail sur
un point quelconque, la valeur des marchandises serait plus
uniforme et plus constante, elle se rapprocherait de celle du
numéraire dans les échanges entre les peuples, sans jamais
l'atteindre pourtant, à cause des propriétés spéciales de ce
dernier produit.

Il est vrai encore que généralement, et en fin de compte,
un produit est toujours payé par un produit, malgré que les
transactions commerciales soient conclues pour être réalisées en espèces métalliques. L'argent n'est qu'une très faible
partie de la richesse mobilière des peuples ; et bien qu'il ne
puisse être consommé, ni servir directement à la production,
comme véhicule général pour transporter les capitaux d'une
main dans l'autre, il est le moyen par lequel s'opèrent et la
production et la consommation. Une certaine quantité de ce
métal est nécessaire dans un État pour opérer les transactions ; et quand elle est amoindrie par des achats faits à l'é-
tranger, les échanges s'y font moins facilement et les marchandises baissent de valeur. Une autre baisse a encore lieu
simultanément par l'introduction, dans le pays, d'une plus
grande quantité de marchandises qui doivent s'y échanger
quand la quantité de numéraire a diminué : double cause qui
a rompu l'équilibre, et qui doit avoir pour effet d'augmenter
la valeur du numéraire et de diminuer celle des marchandises. Dans ces circonstances, il y a nécessité, d'une part,
de faire rentrer de l'argent pour les besoins du pays, et de
l'autre, avantage d'en exporter des marchandises. Les commerçants ne manquent pas de faire cette opération, et, selon
toutes les probabilités, elle leur procure du bénéfice, mais
la nation n'en a pas moins éprouvé une perte, en donnant

uue plus grande quantité de produits pour faire rentrer l'argent qui était sorti du pays.

Si les achats dont nous parlons ont été faits à terme, la communauté, comme débitrice, est obligée de vendre ses produits dans un temps déterminé pour se libérer envers ses créanciers. Dans ce cas, l'opération est rarement à son avantage, puisqu'elle est sous l'empire d'une nécessité qui la presse. On voit qu'il n'est pas plus indifférent pour un peuple que pour un particulier d'avoir vendu les produits de sa création avant d'acheter ceux qu'il doit consommer : soit qu'il ait vendu à crédit, soit qu'il ait été payé du montant de sa vente, il est dans la position de faire la loi au lieu de la recevoir : son adversaire est pressé de vendre par la nécessité de payer, ou bien il a besoin de ressaisir le numéraire sans lequel il ne peut se livrer à d'autres opérations.

Nous avons été témoins depuis peu d'années de plusieurs crises commerciales souffertes aux États-Unis d'Amérique par l'état de choses que nous signalons. Le commerce américain, après avoir importé sans mesure des marchandises d'Europe, n'a pu se libérer à temps en produits de son sol. L'argent était extrêmement rare et cher dans le pays, et les produits à bas prix : les commerçants qui pouvaient encore payer en subissant de grandes pertes, envoyaient des masses de marchandises sur le continent, qui y étaient vendues à vil prix ; les autres, et c'était le plus grand nombre, faisaient faillite ou demandaient des délais pour payer.

Nous devons donc penser qu'un peuple qui n'apporterait pas beaucoup de prudence dans ses achats, c'est-à-dire dans ses importations, convaincu qu'il serait qu'il est indifférent de payer en numéraire ou en marchandises, sur la foi de cet axiôme, qu'un produit ne peut s'échanger que contre un produit, et que l'argent ne diffère pas des autres produits, marcherait nécessairement à sa ruine par les raisons que nous venons de développer; et comme l'intérêt personnel est souvent opposé à l'intérêt général, le seul réglement efficace pour l'y faire concourir et l'y concentrer, c'est, il faut bien le dire, le système protecteur, le droit à l'importation des produits étrangers.

CHAPITRE IV.

Un auteur justement célèbre (¹) suppose le monde industriel et commercial sans aucune barrière politique, et comme si la diverse nationalité des peuples était complètement effacée, etc., et il conclut qu'il s'opérerait une division spontanée du travail et de la production, etc.

Dans cette hypothèse il n'y aurait, dit-il, qu'un seul marché où chacun, libre de toute impulsion artificielle, et développant son activité sous les conditions naturelles de son pays, viendrait échanger les produits de son travail, en concours et en présence des besoins et des offres de tous les consommateurs et de tous les producteurs.

L'histoire du genre humain nous prouve que cette supposition est une chimère, et qu'elle sera toujours telle, à moins que les humanitaires ne parviennent à faire régner sur le globe entier la loi de la fraternité et de la solidarité entre toutes les nations. Cette loi est encore une autre chimère; car il faudrait annihiler toutes les impulsions provenant de l'influence des races et des climats divers, et comme cette influence ne peut être effacée, il y aura toujours des nationalités différentes. Les raisonnements en économie politique ne seront vrais et concluants qu'en tenant compte de ces différences.

Nous avons aussi donné les raisons qui nous font penser que la division du travail entre les peuples ne serait ni spontanée ni définitive. Pour le prouver nous pourrions citer les nations qui ont été successivement dépouillées de leurs industries; mais comme on pourrait objecter que c'est à cause des obstacles apportés à la liberté des échanges, nous citerons seulement la ville de Tours, qui s'est vu enlever son industrie par la ville de Lyon, et dont la population a été réduite, par cette perte, au tiers de ce qu'elle était du temps de sa splendeur industrielle.

Pour réaliser l'hypothèse d'un seul marché et d'un même concours entre les producteurs, il faudrait que les peuples fussent soumis à des gouvernements semblables, et jouissant des libertés civiles et politiques, que les réglements sur la production et la consommation fussent analogues, que la circulation des hommes et des choses s'accomplît par tout avec la même facilité, que les bras et l'intelligence des travailleurs

―――――――――――――――――――――――

(¹) Rossi, page 271 et suiv., *Cours d'économie politique.*

trouvassent en tout temps et en tout lieu les mêmes facilités de s'employer.

Il est certain qu'avec les différences qui existent dans les gouvernements et dans les règlements sur la production et la consommation des produits, si les divers pays s'étaient peuplés et avaient développé leur activité sous l'influence des libertés commerciales, et la libre circulation des travailleurs d'un pays dans un autre, il n'y aurait jamais eu de grandes perturbations à craindre des effets de la concurrence ; car la civilisation, l'amour du travail, la richesse, la connaissance des procédés scientifiques se seraient répandus chez les peuples, et il n'aurait point été possible qu'une seule nation s'emparât du monopole de la production, en conservant pendant longtemps le bénéfice de ses inventions industrielles, et en accumulant les capitaux. Mais quand les peuples se sont formés et accrus sous l'influence du système contraire, les conséquences ne sont pas les mêmes.

Les États, dans leur constitution actuelle, peuvent être considérés, dit M. Rossi, comme autant de marchés et d'ateliers soumis à certaines conditions spéciales, dont les unes sont identiques et les autres différentes, et de la combinaison desquelles s'est formé un tempérament particulier à chaque peuple, ayant des besoins et une activité qui lui sont propres.

Il y a, continue-t-il, des États qui se constituent : il en est qui sont depuis longtemps constitués ; les premiers, libres de tout antécédent, peuvent choisir tel système qu'il leur plaît sans troubler en rien les rapports actuels entre les productions nationales. Il prend pour exemple les États-Unis d'Amérique et il pose ce principe : la richesse consiste essentiellement dans la valeur en usage des choses. La valeur en échange est subordonnée à la valeur en usage : elle se réalise en augmentant celle-ci. Si le pays a acheté pour un million de marchandises, c'est qu'il a donné en échange pour un million de produits. Les vendeurs comme les acheteurs ont trouvé dans ce troc un avantage en recevant une plus grande valeur en usage. Qu'importe que les Américains aient été obligés de donner des écus. Tout ce qui peut arriver de plus fâcheux c'est d'en payer le prix en argent ; dans ce cas, on leur rapportera leur argent en échange de leurs produits, et l'équilibre de valeur entre l'argent et les produits se rétablira bientôt.

Nous admettons bien le principe que la richesse consiste dans la valeur en usage des produits ; mais il faut remarquer qu'un peuple peut produire beaucoup de choses qui ne sont pas nécessaires à sa consommation ou qui en dépassent les besoins, et qu'il n'obtient une valeur en usage que par l'échange de ces choses; or, d'après notre principe à nous, la richesse d'un peuple étant la somme des produits de son travail, avec la condition que ces produits doivent être consommés dans un délai donné, il faut, pour que sa richesse ne diminue point, qu'en dedans de ce délai il trouve à échanger ces mêmes produits contre d'autres propres à sa consommation, autrement les produits n'étant plus consommés aussi rapidement, la production n'en serait plus aussi active.

Maintenant est-il indifférent de payer en argent ou en marchandises? Nous avons déjà essayé de démontrer le contraire. Il est certain, comme le dit cet auteur, que l'argent augmentera de valeur, si on achète des produits avec de l'argent; mais il est également certain que l'argent augmentant de valeur, les produits diminueront dans la même proportion, et que jusqu'à ce qu'ils soient remontés à leur prix naturel par l'effet contraire, la production restera dans un état de langueur. On produira moins et conséquemment la richesse sera moins grande; et si la consommation n'a pas diminué dans la même proportion, on aura consommé une portion des capitaux, ou bien on aura contracté des dettes à l'étranger.

Si les pays avec lesquels l'Amérique fait ses échanges pratiquent également la liberté commerciale, les dangers de payer en argent ne sont pas aussi grands; car les produits de l'Amérique ne sont créés que pour satisfaire des besoins réels et existants, et rien ne gênant les rapports commerciaux, on viendra les acheter; alors, ou on les payera en argent, ou l'on payera en traites sur les Américains qui ont acheté des marchandises étrangères. L'argent rentrera dans le pays ou plutôt il n'en sortira pas : c'est ainsi d'ailleurs que les choses se passent ordinairement.

Mais si au contraire ces pays sont soumis au système restrictif, et que les lois de douanes y soient rendues dans la vue de protéger certains produits similaires ou analogues à ceux de l'Amérique, l'importation des produits de ce pays peut y être restreinte d'une manière notable et permanente. Leur accumulation au lieu de production devra en faire baisser le prix et par suite la production; or, la richesse étant la somme des produits créés dans un temps déterminé, et cette somme étant moindre, la richesse sera évidemment diminuée. Donc un pays qui ne peut commercer qu'avec d'autres pays soumis plus ou moins au système restrictif, est forcé de renoncer à la liberté commerciale, pour créer les produits nécessaires à la satisfaction de ses besoins, produits qu'il ne peut plus se procurer par des échanges, et qu'il est obligé de protéger par un droit d'entrée, puisqu'il ne les achetait de l'étranger que parce qu'il ne les produisait pas au même prix.

Supposons maintenant un autre cas : l'Amérique organise sa production en raison de certaines circonstances existantes: si ces circonstances restent toujours les mêmes, si les États avec lesquels elle fait le commerce ne changent pas les conditions de leurs marchés, quoique protégés par des droits restrictifs, trouvera-t-elle un jour qu'il sera de son intérêt de modifier son système commercial que nous supposons toujours libre ?

Tant que l'Amérique trouvera à échanger les produits naturels de son sol, contre les marchandises dont elle a besoin, que le salaire de l'ouvrier sera plus élevé chez elle que dans les pays d'où lui viennent ces marchandises, elle n'aurait que de la perte à subir en détournant le travail de cette voie pour produire les marchandises qu'elle achète, mais si les salaires étaient moins élevés chez elle que dans les pays dont nous parlons, ce serait un signe qu'il s'y trouve plus de bras que la production n'en exige ; alors il y aurait de l'avantage à créer une partie des marchandises qu'elle achète, ce qui ne pourrait avoir lieu que par la protection d'un droit restrictif.

On dira que l'étranger ne prendra plus les produits qui lui étaient donnés en échange des siens, et que l'on ne fera qu'appliquer le travail de la production à des produits qui nécessiteront plus de capitaux et plus de travail, et qu'en définitive il y aura désavantage pour le pays.

Dans notre supposition il y avait plus de bras qu'il n'en fallait pour la production ancienne. Si l'on peut affecter aux nouvelles productions un dixième des ouvriers sans diminuer l'ancienne, les valeurs créées par ce dixième d'ouvriers s'échangeront dans le pays contre les marchandises que l'on exportait en échange, et les unes et les autres y seront consommées. Il y aura donc une plus grande production et une plus grande consommation; et comme la richesse est en raison de la production, et le bien-être en raison de la consommation, le pays sera plus riche et plus heureux. Il me semble que les économistes commettent une erreur dans eette circonstance, ils disent : Si vous produisez le sucre que vous obtenez en échange contre des pendules et des étoffes de soie, vous ne produirez plus de pendules ni d'étoffes de soie, seulement vous aurez à la place de ces produits, du sucre qui nécessitera plus de frais de production. Cela serait vrai si les bras ne suffisaient pas pour créer dans le même espace de temps ces trois sortes de produits ; ce qui n'est pas vrai dans notre supposition ; ce qui n'est pas vrai non plus pour les principaux États de l'Europe, où la population pourrait produire beaucoup plus qu'elle ne le fait, si la distribution des produits, ou ce qui revient au même la distribution des salaires, et la consommation qui en est la conséquence, étaient mieux réglées.

Il est vrai que toutes les pendules et toutes les étoffes de soie qui étaient exportées en échange du sucre étranger, ne seront pas échangées à l'intérieur contre le sucre indigène ; car la valeur de ce sucre s'échangera, non-seulement avec des pendules et des étoffes de soie, mais encore avec toutes les autres productions du pays. Il y aura une augmentation générale, et dans des proportions diverses de toutes les autres branches de production, équivalente à la valeur du sucre produit et consommé dans le pays.

Il est reconnu par tout le monde, même par ceux qui défendent la liberté commerciale, que l'on ne saurait faire éclore une industrie dans un pays, sans la soutenir, au moins pendant un certain temps, par un droit protecteur sur les produits similaires étrangers. Il ne suffirait pas de posséder les mêmes machines et d'avoir à sa disposition un capital suffisant, il faut encore que les ouvriers soient initiés de longue main au travail manufacturier, et que l'amour du gain et du bien-être leur ait fait accepter cet assujétissement à la discipline, qui est la condition essentielle de prospérité d'un atelier ; que par de longs sacrifices, le manufacturier se soit acquis le patronage intéressé du marchand, pour vaincre la répugnance du consommateur à prendre un produit qu'il ne connait pas, concurremment avec un autre dont il fait usage depuis longtemps.

L'application de la mécanique a aussi tellement multiplié les forces productives de l'homme, et contribué à perfectionner les produits industriels, que la concurrence du plus petit peuple, initié depuis quelque temps aux travaux manufacturiers devient éminemment redoutable à tous les autres. Il est tel atelier en Angleterre, qui, par ses p roportions colossales, pourrait fournir du fil de coton à toute l'Europe, si des barrières élevées de toutes parts n'en arrêtaient l'essor. Comment les peuples les moins avancés pourraient-ils soutenir une telle concurrence avec la liberté commerciale? Et comment aussi pourrait-on leur persuader qu'ils doivent se livrer sans défense à quelques producteurs anglais, et renoncer pour toujours à la production manufacturière, celle-là même qui a élevé si haut la puissance et la richesse de l'Angleterre?

On a beau leur dire qu'un produit ne s'échange que contre un produit, que si les produits ne sont pas échangés la consommation n'a plus lieu, l'encombrement s'ensuit et la production s'arrête; que dans le troc, la valeur en usage des deux produits étant augmentée, les jouissances le sont aussi de part et d'autre; que si l'Angleterre produit beaucoup, elle achète aussi beaucoup de produits aux autres peuples, puisqu'un produit ne peut s'échanger que contre un produit. Tout cela est bel et bon, mais tout cela ne prouve pas qu'il nous soit avantageux de nous croiser les bras, d'abandonner à l'Angleterre le monopole de la production manufacturière; car dans ce cas même qu'un produit s'échange toujours contre un produit, la question serait encore de savoir comment on peut avoir plus de produits à échanger afin d'augmenter et de multiplier ses jouissances.

Mais cela n'arrive pas toujours qu'un produit s'échange contre un produit : souvent il est vendu pour être consommé sans être échangé, et celui qui le consomme en devient débiteur. Un individu peut consommer beaucoup moins qu'il ne produit; ce n'est même que de cette manière qu'il amasse un capital, qui lui octroie le privilège de prendre une part dans les produits du travail des autres producteurs. Un peuple est à l'égard des autres peuples ce qu'est cet individu vis-à-vis des autres individus. L'Angleterre n'a pas consommé autant qu'elle a produit : elle possède pour plusieurs milliards de fonds sur les peuples étrangers : elle a des établissements considérables sur tous les points du globe. Ces capitaux, ces richesses, ne peuvent provenir que d'un excédant de production sur la consommation du pays, et cet excédant de produits a été exporté et consommé chez les autres peuples qui en sont devenus débiteurs.

Si le système protecteur avait été strictement établi partout depuis longtemps, ou si des traités de commerce avaient été concertés avec l'Angleterre, de manière à ne laisser entrer un produit qu'autant qu'il serait payé par un produit, cette puissance ne posséderait pas ces richesses extérieures; car, ou elle les aurait consommées aussitôt qu'elles ont été produites, ou bien la production se serait ralentie jusqu'à ce que la consommation s'en fût effectuée. Les peuples débiteurs auraient eux-mêmes produit ces richesses et seraient aujourd'hui possesseurs de ces capitaux : les capitalistes seraient des habitants du pays qui en dépenseraient les intérêts au profit du travail national, au lieu que ce sont des créanciers anglais qui les dépensent dans leurs pays. Nous devons une part assez large de ces capitaux, et si une guerre survient entre nous et l'Angleterre, ces capitaux seront employés contre nous et pour eux, au lieu de l'être contre eux et pour nous.

Nous ne voulons pas dire pourtant que le système protecteur soit un moyen infaillible pour augmenter la richesse d'un pays. Si le peuple est léthargique et livré à la paresse, les barrières n'y feront rien : au contraire, la liberté des échanges, en offrant des produits à sa convoitise, pourrait lui imprimer quelque activité et l'exciter au travail. Mais dans un pays comme le nôtre, où les ouvriers demandent de toutes parts du travail, la reconnaissance de leur droit au travail, l'organisation du travail, il n'est pas contestable qu'il n'eût été avantageux, juste et humain, en attendant une organisation du travail, s'il en peut être, de reconnaître leur droit à produire eux-mêmes les toiles et fils de lin, pour lesquels nous avons, en 1843, payé 50 ou 60 millions à l'Angleterre et à la Belgique, sans avoir échangé avec elle un litre de vin, ni un mètre d'étoffe de soie de plus. Et pendant que les ouvriers anglais et belges ont reçu de nous des salaires pour la confection de ces produits, les nôtres ont imploré l'aumône de la charité des communes et des particuliers.

Il en est de même au sujet de l'introduction de la graine de sésame en France. Jusqu'en 1841, inclusivement, nos échanges avec l'Egypte se balançaient à peu de choses près; mais en 1842, nos importations de trois à quatre millions qu'elles étaient précédemment, se sont tout à coup élevées à onze millions. Qu'avons-nous donné en échange de cet excédant? rien : nos importations ont été de deux millions et demi!

Notre commerce avec la Turquie présente le même phénomène : nos importations se sont élevées en 1842 à trente et un millions, et nos exportations sont restées au chiffre ordinaire de onze millions. Certes, ce n'est pas là, quoi qu'en dise le ministre, « un accident d'industrie qui s'annule dans la somme des intérêts généraux, et qui se balance par l'avantage d'augmenter les éléments du travail et des échanges. »

Si la graine de sésame était une matière première propre à féconder nos industries, et qui s'exportât après avoir alimenté le travail national, cette assertion serait vraie, et encore faudrait-il que la somme de nos exportations fût augmentée de la même quantité. On pourrait dire alors que le dommage souffert dans la culture de l'olive du midi et des graines oléagineuses du nord, s'est annulé dans la somme des intérêts généraux. Un fait demeure constant, c'est que nous ne vendons rien de plus aux peuples qui nous fournissent cette graine : en outre, l'huile de sésame étant un produit de consommation immédiate, ne peut augmenter les échanges qu'autant qu'elle est payée directement en produits de nos fabriques ou de notre sol, à ceux-là même qui nous la vendent. Les agriculteurs du midi et du nord, ouvriers et maîtres, ont éprouvé une perte qui n'a été ni ne sera annulée dans la somme des intérêts généraux, et l'on sacrifie, sans compensation aucune, des cultures si éminemment profitables, tant pour les assolement que pour les salaires qu'elles répandent dans les campagnes.

Ces deux faits sont des enseignements très significatifs : ils prouvent jusqu'à la dernière évidence, qu'un peuple abaisserait en vain ses barrières dans la vue d'augmenter son commerce extérieur, s'il n'obtient pas quelques concessions réciproques des autres peuples, qui lui permettent de payer avec des produits de sa création. Les producteurs étrangers en profiteront pour lui vendre leurs produits, et quand ils auront reçu son argent, ils iront ailleurs acheter les marchandises dont ils ont besoin, si on les leur donne à plus bas prix.

Si l'on demande ce que les producteurs de sésame ont fait de l'argent que nous leur avons donné en échange de ce produit, nous répondons qu'ils l'ont employé principalement à acheter des étoffes de l'Angleterre : nos achats leur ont fourni les moyens d'alimenter les fabriques anglaises. L'argent qu'ils ont ainsi gagné, les Anglais nous le prêteront avec celui qu'ils ont reçu directement pour leurs fils et toiles de lin.

Si les gouvernements, d'un commun accord, donnaient

leur assentiment à la liberté des échanges, les conséquences s'en développeraient avec des chances diverses pour les peuples, selon leurs progrès actuels dans les diverses branches d'industrie. Dans les nations de l'Europe, il serait difficile d'affirmer qu'elles n'en eussent pas toutes à souffrir, excepté pourtant l'Angleterre. Cette puissance, au moyen de ses grands capitaux, de l'activité de sa production prodigieuse et de ses immenses débouchés, ferait une guerre mortelle aux industries manufacturières des autres peuples : ses produits en métaux, en coton et en lin s'ouvriraient des débouchés dans tous les autres pays sans craindre aucune concurrence sérieuse. Ses étoffes de laine, sans avoir la même prépondérance, pourraient se soutenir partout avec des avantages au moins égaux. Il n'y a que ses soieries qui pourraient succomber dans la lutte, à cause du haut prix du tissage à la main, si ce n'était que la liberté des échanges permettant d'apporter de tous les points du globe des denrées à bon marché, qui, répandues avec abondance dans le pays par ses nombreuses voies de communication, permettraient d'y tenir constamment les salaires à un taux peu élevé, et d'y fabriquer ces étoffes avec les mêmes avantages que partout ailleurs. Cette dernière circonstance venant s'ajouter aux immenses moyens de production que possède l'Angleterre, rendrait sa compétition encore plus difficile à soutenir, non-seulement pour les soieries, mais encore pour tous les autres produits. Les autres peuples auraient tout à redouter de ce nouvel état de choses : leurs pays seraient inondés de marchandises anglaises qui jetteraient la perturbation et la mort dans toutes leurs productions manufacturières.

On peut objecter, comme on l'a fait déjà, que les autres peuples transporteront leurs capitaux et leur activité à l'agriculture, et qu'ils en échangeront les produits contre les marchandises anglaises qui seront à très bon marché.

D'abord, tous les produits de l'agriculture ne peuvent pas être exportés, et ceux qui peuvent l'être ne le sont généralement qu'à très grands frais, ce qui en diminue considérablement la valeur : ensuite les travaux agricoles ne peuvent occuper ni tous les bras, ni toute l'année ceux qu'elle occupe : l'ouvrier n'y obtient que des salaires chétifs et précaires; et enfin, l'expérience démontre que l'agriculture ne s'élève à un certain degré de prospérité, que quand une population industrielle nombreuse existe sur les lieux pour en consommer les produits. Il ne saurait être contesté que la Belgique et les départements du nord de la France, ne doivent les progrès de leur agriculture à la présence de leur population industrielle ; et quand même les produits agricoles cesseraient d'être protégés en Angleterre, la production n'en serait pas moins puissamment excitée par la consommation incessante des grands centres manufacturiers du pays.

Un État d'une faible population et possédant un sol fertile, peut pendant longtemps, sans préjudice aucun, employer les bras et les capitaux à la fécondation de ses terres, en échanger librement les produits, et laisser les autres peuples se débattre comme ils l'entendent entre le système protecteur et la liberté des échanges. Il en est autrement des États d'une population nombreuse et adonnée au travail, dont l'industrie n'est pas arrivée à un degré de perfection qui leur permette de lutter à armes égales avec les autres peuples.

Les habitants de l'Europe, par leurs connaissances, leur activité corporelle et intellectuelle, ceux du moins qui n'habitent pas un climat trop rigoureux, peuvent se livrer sans trop d'infériorité relative aux travaux industriels; mais quand on les considère comme nations distinctes, et agissant sous l'influence et la direction des lois et des gouvernements qui les régissent, l'inégalité existant entre eux devient alors très sensible; la plupart des peuples de cette partie du monde, seraient impuissants pour lutter contre la concurrence anglaise, et la protection leur devient nécessaire pour la conservation de leurs industries. La France est également soumise à cette nécessité. Ni ses capitaux ni sa production n'ont pris assez d'accroissement pour soutenir une lutte commerciale avec cette puissance. Elle possède pourtant les éléments essentiels de prospérité : un sol fertile, étendu, et dont la fécondité est assez variée pour donner matière à de nombreux échanges intérieurs; une position des plus avantageuse, pour établir et entretenir par mer des rapports commerciaux avec l'Amérique, l'Afrique et les pays du levant, et par terre avec les nations placées au cœur de l'Europe ; une population active, intelligente et qui ne demande qu'à travailler. Malheureusement, l'instabilité dans les vues du gouvernement, et son insouciance des intérêts commerciaux, ne permettent pas à la nation de faire fructifier d'aussi heureux éléments de prospérité. Mais l'éternité est longue, les hommes changeront, la France conservera cette position avantageuse, et nos enfants apprendront à en tirer un meilleur parti. Cependant, malgré ces causes temporaires d'infériorité, nous avons fait, à l'abri du système protecteur, assez de progrès dans les grandes industries manufacturières, pour attacher quelque importance à leur conservation ; et, en attendant un avenir plus prospère, nous devons apporter tous nos soins à la conservation de nos richesses actuelles et des moyens qui nous les ont fait acquérir.

Il faut aussi remarquer que la production manufacturière est bien autrement importante qu'elle ne l'était autrefois, comparativement à la production agricole, et qu'elle s'accroîtra dans une proportion bien plus grande encore, à mesure que les hommes deviendront plus actifs et plus civilisés. En faire l'abandon à l'Angleterre, c'est lui livrer l'exploitation et la domination du globe. En effet, par cet abandon, elle conserverait et fortifierait son empire sur les mers : elle s'emparerait sans obstacle des coins de terre, des empires même, qui conviendraient le mieux à ses intérêts commerciaux : elle transporterait sur sa nombreuse marine les produits de toute nature, dont elle pourvoirait le monde entier : elle soutirerait petit à petit les richesses des peuples, dont elle leur prêterait une partie, pour exercer sur eux l'influence et la domination de prêteurs à créanciers. C'est ce que produirait à son profit, la liberté absolue des échanges, dans l'infériorité comparative où se trouve les autres nations, et l'on doit croire qu'elles ne consentiront pas à faire un pareil sacrifice.

Si l'égalité des moyens entre les producteurs des pays divers, nécessaire à la pratique avantageuse pour tous de la liberté absolue des échanges, se réalise à une époque quelconque, ce temps est encore bien éloigné de nous. En attendant, nous sommes forcés de reconnaître qu'elle leur serait préjudiciable pour la plupart, et qu'ils se garderont bien de l'adopter. Les gouvernements paraissent tellement pénétrés de cette vérité, que des barrières sont partout élevées ou fortifiées pour se défendre contre l'introduction des produits étrangers. Les États-Unis d'Amérique en sont un exemple frappant : là un sol vierge et fertile au plus haut degré, une population très faible en comparaison de l'immense étendue du pays, des salaires doubles de ceux obtenus en Europe. Qui n'aurait cru il y a quelques années, que ces vastes contrées resteraient encore longtemps et librement ouvertes aux produits de nos fabriques ? Cependant ce pays expédie déjà des cotonnades en Chine, et partage avec l'Angleterre les exportations qui s'y font de ces produits. Il veut, à tort sans doute, devenir tout à fait manufacturier, et des droits protecteurs y ont été établis à cette fin. Le gouvernement allègue comme motif prédominant pour l'annexion du Texas à l'union américaine, que cette extension du pays élargira les débouchés ouverts à leurs fabriques. Peut-on croire, après cet exemple, à l'entente cordiale des peuples, pour concerter entre eux les règlements sur la liberté générale des échanges ?

CHAPITRE V.

DES ÉCHANGES.

Nous avons cru démontrer qu'un produit ne s'échange pas toujours contre un produit; que le vendeur qui a reçu en numéraire la valeur de sa marchandise, acquiert une position qui lui permet d'acheter les objets dont il a besoin à qui il veut et où il veut; qu'étant libre de ne consulter que ses intérêts, il n'achètera qu'à celui qui les lui offrira au prix le plus bas; qu'il peut arriver très souvent qu'après vous avoir vendu les objets de sa production, ses besoins ne l'obligent pas à acheter des vôtres pour une valeur égale ; que ne pouvant le payer avec vos produits, vous êtes forcés de ralentir ou de suspendre votre production; que dans ce cas il reste votre créancier, devient possesseur d'une portion de votre capital, et prend sans rien vous donner une part de votre production future; que ces conséquences, qui sont vraies dans les transactions entre particuliers, le sont également dans celles entre peuples.

Nous devons reconnaître néanmoins, que cela n'infirme nullement cette vérité, qu'il y a toujours bénéfice réciproque dans l'échange d'un produit contre un produit; seulement il faut que l'échange s'accomplisse dans des conditions également avantageuses de part et d'autre; et si l'on se rappelle ce que nous avons dit que la production dépend de la consommation, et que celle-ci est provoquée par la variété des objets offerts aux besoins de l'homme, on concevra toute l'importance que nous attachons au commerce extérieur, commerce qui permet à deux nations de verser dans le pays l'une de l'autre, des produits surabondants, et qui seraient sans valeur pour l'une comme pour l'autre, dans le but de recevoir en échange d'autres produits nécessaires comme éléments de travail et comme accroissement de jouissance.

Les partisans aveugles du système restrictif comprennent le commerce extérieur d'une manière incompatible avec l'intérêt général des peuples, et contraire aux simples notions du sens commun : ils veulent vendre sans acheter, ou s'ils consentent à acheter, ils ne veulent recevoir que des matières premières. Ceux qui ont cette prétention ne conçoivent sans doute pas les fonctions de l'argent dans les phases successives de la production. L'argent n'est pas par lui-même un capital productif; il ne fait, ainsi que le démontre la science, que servir de véhicule pour le transporter. Un peuple qui réussirait pendant un certain temps à vendre sans acheter, amasserait beaucoup de numéraire, dont l'usage serait toujours limité à la fonction de transmettre les capitaux productifs. Il arriverait qu'au lieu de donner une pièce de cinq francs pour un objet, on en donnerait deux, trois, quatre; on n'aurait travaillé que pour se donner un embarras de plus. Mais cela ne pourrait même pas arriver ainsi; car ceux qui auraient amassé une certaine fortune iraient la dépenser dans un autre pays, où ils obtiendraient, pour la même somme, deux, trois, quatre fois la même quantité de produits, ou bien ils prêteraient leur argent à d'autres peuples pour en recevoir un intérêt. Cette dernière hypothèse présente en apparence un résultat moins stérile; il ne serait cependant pas moins pernicieux pour le pays, en ce que les intérêts des capitaux augmenteraient incessamment dans les mains des riches les moyens de consommer, en même temps que les objets de consommation seraient constamment repoussés. La détresse s'appesantirait progressivement sur les travailleurs, dont les moyens de consommer diminueraient toujours comparativement.

L'autre prétention de n'acheter que des matières premières n'est pas moins insoutenable et impraticable, du moment que la plupart des peuples ont la même prétention. Peut-on d'ailleurs contester sérieusement qu'il soit profitable pour la France d'échanger du vin contre du café et du sucre, plutôt que de produire chèrement ces derniers objets? Cet échange n'a-t-il pas le double avantage de nous procurer deux aliments qui augmentent nos jouissances, et de provoquer une production importante pour nous, et qui est d'autant plus avantageuse qu'elle dérive des qualités particulières à notre sol.

Certainement un peuple qui serait entouré de pays où le commerce est libre de tout entrave, et qui pratiquerait seul le système protecteur, pourrait en retirer d'immenses bénéfices au détriment de ses voisins. Tout le monde est d'accord sur ce point, que ce système a pour effet de favoriser et d'exciter certaines productions indigènes, en même temps qu'il atténue ou qu'il prohibe la consommation des produits étrangers. On conçoit très bien que la production et la consommation des produits nationaux étant favorisées, et leur exportation ne rencontrant aucun obstacle, ce peuple se livrera au travail avec d'autant plus d'ardeur et d'assurance, qu'il ne craindra pas la concurrence de ses voisins, et qu'il la leur fera sur leurs propres marchés. Il n'est pas indifférent que la consommation s'effectue de telle ou telle autre manière : elle peut être tout à la fois favorable à la production agricole et manufacturière : elle peut être dirigée de manière à provoquer tellement les efforts du travail, que les produits de consommation immédiate, et ceux qui servent de moyens ou d'instruments de production, soient simultanément augmentés; deux choses qui doivent être considérées comme les signes certains d'un état d'abondance présent et progressif pour l'avenir. L'Angleterre a joui pendant longtemps des bénéfices de cette position ; et c'est à sa persévérance dans ce système qu'elle doit en grande partie les richesses qu'elle possède, bien que la science pure prétende que c'est malgré lui qu'elle est devenue riche. Aujourd'hui tous les peuples ont les yeux ouverts sur leurs intérêts, et paraissent bien déterminés à les défendre ; et du moment que tous les hommes sont en campagne pour se dépouiller les uns les autres, le métier n'est plus bon, il faut y renoncer et se soumettre à ce qui est juste et praticable.

Les États d'une faible étendue éprouveront de grands inconvénients par l'adoption et l'aggravation de cet ordre de choses qui parait se généraliser. Leur produits ne sont pas assez variés ni leurs débouchés assez étendus, pour exciter suffisamment la consommation et le travail destiné à y pourvoir. Leur salut est dans les unions douanières : elles leur donneront, sous ce rapport, les avantages des grands États, si toutefois, ils ont le bon esprit de tendre vers l'uniformité dans les règlements qui régissent le travail et surtout la consommation. Les grands États, à cause de la variété de leurs productions et des échanges qu'elles provoquent, peuvent atteindre à certaine prospérité, seulement par le commerce intérieur.

La France, par son étendue, la fertilité de son sol, l'activité de ses habitants et la diversité de ses produits, est le pays de l'Europe le plus heureusement doté pour s'avancer vers une prospérité croissante par l'échange seulement de ses productions nationales, et bien que le gouvernement doive faire tous ses efforts pour leur élargir les débouchés existants, et leur en créer de nouveaux, nous pensons cependant que ce serait une grande imprudence, que d'en sacrifier quelqu'une, pour se créer des rapports qui peuvent cesser d'un instant à l'autre, ou de les mettre en péril en contractant une union douanière avec un petit peuple, soumis à des lois ficales différentes, qui n'a à nous offrir que des produits semblables aux nôtres, et qui distribue de larges aumônes aux ouvriers, aumônes qui influent sur le taux des salaires et diminuent le prix des produits.

L'état normal du travail des peuples étant le système restrictif, et chacun voulant déverser chez les autres ses produits surabondants, avec réserve de choisir ceux qu'il prend en échange, l'établissement des rapports commerciaux entre eux, présente d'immenses difficultés. Y procèdera-t-on par des traités de commerce, déterminant les conditions mutuelles de ces rapports, ou bien par un règlement général de douanes, applicable sans distinction de provenance? Telle est la question qu'il s'agit d'examiner.

Si les échanges entre les peuples s'étaient opérés en l'absence de toute institution de douanes, la division du travail, se serait réalisée naturellement selon les aptitudes des travailleurs et les qualités productives des terres. La production manufacturière de tel pays aurait pu être bornée à un seul genre de produit, celle de tel autre aurait pu en embrasser plusieurs, tandis que le travail de beaucoup d'autres nations n'aurait eu pour s'exercer que la production agricole. Le lot de la France dans le commerce extérieur aurait pu être limité à l'exportation des vins et des étoffes de soie; mais alors les débouchés n'ayant pas eu de limites, la consommation en aurait été considérable, et leur production aurait pu occuper les ouvriers employés aujourd'hui dans les autres industries protégées. L'état des choses est bien différent : le système restrictif domine partout; nos vins et nos soieries rencontrent de toutes parts des barrières infranchissables, et de ce que nous ne pouvons les échanger contre les objets que nous produisons moins avantageusement, force nous a été d'appliquer à ceux-ci le travail national. Nous ne sommes pas seuls dans cette position : tous les peuples tiennent de leur sol, ou de leurs aptitudes spéciales, certains avantages dans quelques branches de production, et ils ont le plus grand intérêt d'en échanger les produits contre ceux qu'ils produisent trop chèrement, ou même que leur climat refuse absolument de produire.

Si chaque gouvernement établissait la protection au moyen d'un règlement général, les produits de chaque pays qui ont besoin d'être protégés ne pourraient franchir les limites du territoire, sans rencontrer des concurrents plus habiles qu'il faudrait combattre à armes égales, lorsque l'on n'a pu le faire dans son propre pays, ayant le consommateur à sa porte, favorisé que l'on était par une sorte de protection, puisque les frais de transport, de vente, de recouvrement étaient moindres, et l'on n'avait pas à redouter les difficultés que les affaires engendrent toujours, quand elles ont lieu d'un royaume à l'autre.

Sous ce régime du règlement général, il n'y aurait que les produits qui n'ont pas besoin de protection qui trouveraient des débouchés plus ou moins étendus, selon l'élévation du droit dont ils seraient frappés à l'entrée des pays étrangers. La libre concurrence dans le commerce extérieur serait la loi de tous les producteurs, excepté ceux chez qui l'exportation a lieu. Cet état de choses produirait les mêmes effets, sur une échelle plus restreinte à la vérité, que la liberté commerciale, en ce qui concerne la division du travail entre les peuples. Il suffirait pourtant pour faire connaître à chacun le rang qui lui sera départi par la liberté complète des échanges, et le mode d'activité qui lui convient le mieux; et si les gouvernements se concertaient ensuite pour abaisser peu à peu les barrières, les peuples arriveraient tout naturellement à la division du travail, par un accroissement progressif dans l'exportation des produits qu'ils créent le plus avantageusement, et ce serait, à notre avis, le seul moyen d'arriver sans secousse, et avec le moins de dommage possible, à la liberté générale des échanges.

Si, au contraire, les échanges se font au moyen de traités de commerce, un peuple ne saurait seul, sans un grand dommage, y procéder par un règlement général; car les industries qui ont besoin de protection ne pourraient soutenir la concurrence au dehors, et celles qui n'en ont pas besoin rencontreraient des producteurs favorisés par un droit différentiel. Ce procédé est une mesure pour arriver à la liberté commercial, et suppose entre les peuples la convention

préalable d'abaisser graduellement les barrières qui les séparent, autrement il n'aurait que des résultats funestes pour
le peuple qui le pratiquerait. Si la France, par exemple, ré-
glementait ainsi son commerce extérieur, lorsque les autres
peuples ne sont pas moins empressés de faire entre eux des
traités de commerce, que de protéger leurs industries nationales, elle aurait tous les inconvénients de la liberté des
échanges dans son commmerce extérieur sans en avoir les
profits. Si nous prenons pour exemple nos rapports avec la
Sardaigne, comment pourrions-nous y exporter nos tissus,
si l'Angleterre, par un traité de commerce avec ce pays, y
obtenait un traitement de faveur pour les produits de ses
fabriques? Nous n'en serions pas moins obligés d'y acheter
pour 55 millions de francs de soie, dont nous ne pouvons
nous passer pour l'alimentation de notre industrie séricole,
lorsque nos exportations dans ce pays seraient anéanties, ou
considérablement réduites.

Bien que les peuples soient irrésistiblement lancés vers
le régime protecteur, et qu'ils prennent tant de soins pour se
défendre contre la concurrence étrangère, ils n'en sont pas
moins forcés d'échanger des produits. Importer est chose
très facile, c'est dans l'exportation que gît toute la difficulté.
Que font alors deux peuples qui sont dans ces conditions?
l'un dit à l'autre : vous importez telle marchandise que j'ai
en abondance, j'importe telle autre que vous désirez vendre :
Les échanges que nous faisons ensemble sont peu nombreux,
parce que nous trouvons l'un et l'autre à acheter ailleurs à
plus bas prix. Cependant les produits qui nous restent sont
perdus pour nous : c'est un immense dommage dont nous
souffrons autant l'un que l'autre. Il m'est indifférent de vous
acheter plus cher pourvu que vous consentiez à la récipro-
cité : vous me donnez, je vous rends, l'essentiel c'est que
nous échangions nos produits. Tout sera gain pour nous :
vos produits comme les miens resteraient sans valeur dans
nos mains; en les échangeant nous procurons à nos peuples
des jouissances qui ne nous coûtent rien.

J'entends certains économistes jeter les hauts cris contre
le monopole des industries, s'apitoyer sur le sort du pauvre
consommateur, exploité à merci par l'avide producteur.
Vendre cher pour acheter cher ! c'est une convention inique
et léonine, diront-ils; car c'est le consommateur qui achète
et le producteur qui vend. Mais le consommateur ne serait-
il pas un être fictif, ou, s'il existe, ne serait-il pas le producteur

lui-même vu sous une autre face ? En effet, on ne peut être consommateur qu'autant que l'on est ou que l'on a été producteur. Comme producteur, on vend cinq francs ce que l'on n'aurait vendu que quatre, et comme consommateur on achète cinq ce que l'on n'aurait acheté que quatre ; où est donc le dommage souffert? Si le prix des produits est surélevé, c'est en raison de la surélévation des salaires, des profits et de l'intérêt des capitaux. Les capitalistes, les entrepreneurs et les salariés rendent dans la consommation ce qu'ils ont reçu dans la production : le prix des choses ressemble à une monnaie de compte dont tout le monde fait usage. Si les Bulgares ne gagnent que vingt centimes par jour, ils n'achètent un mouton que deux francs. L'ouvrier bulgare serait très heureux comme consommateur, si ce n'était sa qualité de producteur. Qui oserait affirmer qu'il a plus de moyens de consommer que l'ouvrier français, qui achète à peine deux kilogrammes de l'animal pour la même somme? Si, sous Dioclétien un maçon obtenait à Rome 22 fr. 50 c. pour une journée de travail, il achetait une livre de viande de quatre à cinq francs.

Revenant à la question, si les traités de commerce sont hérissés de difficultés, les unions douanières en présentent d'une nature presque insurmontables : témoins l'avortement des tentatives faites entre la France et la Belgique. Ces unions ne seraient-elles pas des institutions bâtardes, qui n'auront d'existence réelle qu'autant qu'elles se fondront dans une union politique? On en pourrait conjecturer ainsi par ce qui s'est passé dernièrement dans le Zollverein : plusieurs États associés ont été obligés de rétablir des droits de douane particuliers, pour y assujétir certains produits à l'entrée de leurs territoires. Cette mesure n'est-elle pas une véritable négation de l'union? ne tend-elle pas à la faire dégénérer en un simple traité de commerce?

Ces traités nous semblent préférables aux unions douanières, en ce que l'on peut calculer d'avance et balancer les avantages que l'on s'accorde mutuellement; en ce que les pays liés par des traités peuvent approximativement se rendre compte, chaque année, du gain qu'ils y font ou de la perte qu'ils en éprouvent; en ce que ces traités devant être consentis pour une courte durée, on peut les modifier de manière à les rendre réciproquement avantageux; et enfin, en ce que ni la faiblesse d'un État, ni les lois différentes qui le régissent ne sont des obstacles à de pareilles conventions.

On voit que les traités de commerce émanent du système protecteur : ils en sont la conséquence et le complément; c'est l'échange des produits sous la protection de la loi; c'est une trève partielle dans l'état de guerre. Le réglement général serait, lui, un état préparatoire et d'épreuve, une sorte d'initiation à la liberté commerciale : c'est la paix armée du commerce. Mais pour remplir son objet, il faut que cette mesure soit admise par les principaux peuples producteurs, avec l'intention concertée d'abaisser graduellement les barrières qui les séparent, jusqu'à une liberté complète.

Contrairement à ce que nous venons de dire, les plus ardents défenseurs du système restrictif se prononcent contre les traités de commerce. Ils sont loin cependant de renoncer au commerce extérieur; ils demandent tout à la fois au gouvernement de protéger leurs produits et d'élargir les débouchés qui leur sont ouverts : deux prétentions inconciliables, si l'on n'y procède par des traités de commerce. Il est vrai que nous avons joué de tant de malheur dans ces conventions ! La France, dit le ministre, est liée commercialement par des traités impliquant concessions réciproques de tarif avec quinze puissances indépendantes. Concessions réciproques ! voyons un peu : dans notre commerce avec ces puissances, nos exportations avant ces traités excédaient nos importations de 88 millions de francs. Depuis, l'état des choses a tellement changé par l'effet de ces conventions, qu'en 1842 nous avons importé de ces pays pour 282 millions de produits de plus, tandis que nos exportations n'ont augmenté que de 20 millions. Ces chiffres sont assez significatifs pour juger de la prévoyance qui a présidé à l'harmonie de ces concessions réciproques. L'absence de tout traité aurait-elle été plus préjudiciable à notre commerce? Est-il étonnant, d'après ces résultats, qu'un émoi, une crainte sérieuse agite toutes les industries lorsqu'il s'agit de traités de commerce, et les soulève en comités de toutes sortes pour s'y opposer? ce dont il faudrait s'étonner, c'est que cela ne fût pas ainsi : les préventions défavorables contre ces traités ne sont-elles pas suffisamment légitimées? Cependant cela ne prouve pas que les conventions de cette nature ne puissent être avantageuses aux deux parties; cela prouve seulement l'insouciance et l'inhabileté prodigieuses de ceux qui sont chargés d'en concerter les conditions.

Nous ne prétendons pas dire que les ventes et les achats doivent être exactement balancés dans tout traité de com-

merce bien harmonisé : dans une année de disette, lorsque
la famine nous menace, nous ne pouvons pas attendre pour
acheter du blé que l'on ait consenti à prendre nos produits
en échange. Nous avons aussi besoin pour alimenter nos fabriques de matières premières qui doivent être tirées des
meilleures sources, si nous voulons conserver nos débouchés extérieurs. Les soies écrues et les cotons en masse ne
peuvent être achetés qu'en Piémont et en Amérique ; ce
sont des nécessités qu'il faut subir. Cependant nous devons
nous autoriser de l'importance de nos achats, pour obtenir
autant que possible des concessions favorables à l'extension
de nos débouchés.

Si la balance du commerce dont on s'est tant moqué pouvait être établie aussi exactement que le compte des profits
et des pertes d'un négociant; que l'on pût connaître la
somme totale des marchandises et de l'argent exportés et
importés, on saurait, quoi qu'on en dise, si le commerce extérieur a été avantageux, quelle somme de bien-être en est
résultée, par la comparaison de la valeur en usage supérieure
des produits importés ; mais tout ce que l'on a pu faire jusqu'à présent, démontre qu'une telle appréciation est impossible, et que les états que publient les gouvernements pour
établir cette balance sont absolument chimériques.

Si l'on en croit les documents publiés par le gouvernement français, nos importations de 1813 auraient dépassé nos
exportations de 158 millions de francs. Cet excédant est déjà
énorme; mais si l'on tient compte des atténuations de valeur
à l'entrée des marchandises frappées d'un droit, et des exa-
gérations à la sortie de celles à prime, de la contrebande qui
dérange tous les calculs ; et surtout si l'on considère que les
évaluations qui servent de base pour fixer les prix datent de
1823, et que depuis cette époque des progrès prodigieux effectués dans toutes les industries au moyen de la mécanique
ont fait diminuer considérablement la valeur des produits,
mais dans des proportions très inégales, on sera convaincu
que ce chiffre de 158 millions ne représente peut-être pas la
balance véritable de notre commerce à 100 millions près.

Ces documents établissent que nous avons en 1836 exporté aux États-Unis des marchandises pour une valeur de
239 millions. Ceux de ce dernier pays, malgré que les marchandises y soient estimées au prix du marché américain,
ne les portent qu'à 209 millions : différence 30 millions ou
15 p. 0/0. Selon nos mêmes documents officiels, notre com-

mérce général avec la Belgique pour 1834 a été de 44 millions, et notre commerce spécial de 38 millions. Les esti-
mations belges les portent, pour le commerce général, à 35
millions, et pour le commerce spécial à 32. Les mêmes différences ou à peu près existent pour l'année 1836 : le commerce général, selon nous, aurait été de 46 millions, et, selon
eux, de 36. Quelle confiance peuvent inspirer des résultats
aussi contradictoires? Ils sont plutôt faits pour égarer le rai-
sonnement que pour servir de base dans les conséquences
que l'on pourrait en tirer.

La balance du commerce, quoique émanant d'un principe
vrai, est chimérique et dangereuse à cause des résultats er-
ronés auxquels conduisent les moyens insuffisants que l'on
emploie pour l'établir : il faut l'abandonner ou en perfectionner les procédés. Pourquoi présenter chaque année aux
chambres et au pays une série de chiffres fantastiques qui
font rire de pitié ceux qui en connaissent la valeur?

Quant à notre commerce extérieur, bien que l'on ne puisse
accorder aucune confiance aux résultats annoncés par le gouvernement, on peut cependant affirmer, par d'autres raisons
encore que nous dirons tout à l'heure, que depuis longtemps
nous importons beaucoup plus que nous n'exportons.

Mais, objectera-t-on, vous avez voulu prouver qu'un pays
s'appauvrit en achetant plus qu'il ne vend, et qu'en conti-
nuant ainsi il finit indubitablement par se ruiner. Vous ve-
nez également de dire que la France importe depuis longtemps beaucoup plus qu'elle n'exporte. Cependant vous ne
pouvez nier qu'elle ne soit plus riche qu'à l'époque de ces
traités que vous blâmez tant, par cela même que nos importations ont beaucoup augmenté. Expliquez-nous comment
nous nous sommes enrichis par les causes mêmes qui de-
vaient nous appauvrir?

L'objection est sérieuse et pressante ; cependant nous
croyons qu'elle ne détruit pas les principes que nous avons
émis : nous allons dire comment.

Il est certain que notre richesse mobilière, notre aisance,
les produits de notre travail ont graduellement augmenté depuis l'époque des traités dont il est question. La quantité de
numéraire ne paraît pas non plus avoir diminué : elle aurait
dû augmenter progressivement avec les produits, puisqu'il
en faut davantage pour effectuer des transactions plus nombreuses et plus importantes ; mais comme le papier de commerce s'est beaucoup multiplié depuis ce temps, nous sup-

poserons que l'accroissement du papier correspond à celui des produits, et que la somme du numéraire est encore la même qu'à l'époque dont nous parlons. Pourtant il est évident et incontestable, que si nous n'avons pas payé en produits, nous avons dû payer en argent. Effectivement, nous avons payé en argent, et cet argent est rentré en France, mais non en échange de produits : il est rentré par les emprunts qu'a faits la France, dans lesquels les Anglais ont placé beaucoup de fonds : nous le voyons rentrer tous les jours dans des caisses venant d'Angleterre par Boulogne tant pour couvrir notre dernier emprunt que pour payer les dépenses de construction des chemins de fer, auxquels les Anglais prennent également une part très active. Cet argent, qu'ils nous rapportent est celui que nous avons perdu dans notre commerce extérieur, et pour lequel ils deviennent créanciers de la fortune générale de la France et des produits futurs de nos voies de fer.

Notre aisance, c'est-à-dire notre consommation nationale, n'a pas souffert jusqu'à présent, parce que cet excédant d'importation n'a pas été payé, que nous l'avons consommé comme si nous l'avions produit, et qu'il a servi en même temps à exciter la production des objets contre lesquels il a été échangé dans l'intérieur du pays. Il faudra bien pourtant nous libérer, nous ou nos enfants : eux plutôt que nous; car, loin d'acquitter notre dette, nous faisons de nouveaux emprunts pour en payer les intérêts.

Il est certain qu'aussi longtemps que nous importerons des marchandises sans les payer, notre aisance sera plus grande, nous paraîtrons plus riches, de même que paraît riche un particulier qui emprunte sur son fonds pour dépenser. Mais il n'est pas moins certain que si nous avions payé en produits, notre consommation aurait pu être la même ; mais, à coup sûr, notre production aurait été plus grande de toute la somme de nos importations en excès sur nos exportations, nous aurions nous-mêmes fourni les fonds de nos divers emprunts, et nous fournirions aussi ceux qui sont nécessaires à l'établissement de nos chemins de fer.

Quand nous disons que l'argent que nous avons perdu dans notre commerce extérieur a été rapporté en France, ce n'est que pour figurer l'opération; car les capitalistes anglais ont pu, au moyen de délégation, prendre directement cet argent chez les commerçants français, pour l'employer dans les fonds publics et dans les entreprises de chemins de fer;

ainsi une partie de l'argent seulement a pu sortir de France et y rentrer.

L'Angleterre nous fournit en effet beaucoup de fonds pour nos entreprises; mais comment peut-elle nous les fournir ? c'est évidemment parce que les résultats de son commerce lui laissent plus de numéraire qu'il ne lui en faut pour opérer ses échanges. Comment est-elle venue en possession de ce numéraire? C'est certainement en produisant plus qu'elle ne consomme, et en exportant cet excédant de production chez les autres peuples qui, n'ayant pu donner des produits en échange, se sont libérés en argent. Qu'une guerre survienne entre elle et nous, et que tous ces créanciers veuillent se rembourser des prêts qu'ils nous ont faits, ils vendront ces coupons de rente, ces actions de chemins de fer, qui subiront une baisse considérable dont notre crédit public et nos produits seront sérieusement affectés; et comme il faut qu'ils emportent quelque chose pour se payer, ils prendront d'abord notre argent qui deviendra chez nous rare et cher : ils prendront ensuite nos produits, dont la valeur sera en raison inverse de celle de l'argent, et ils les prendront quand ils seront tombés à vil prix et que l'argent sera trop cher.

Si les créances du commerce étranger n'avaient pas pu passer dans les mains des capitalistes anglais qui les ont placées dans nos emprunts et dans les divers établissements qu'ils possèdent chez nous, les commerçants étrangers se seraient remboursés successivement, comme se rembourseront quelque jour les capitalistes anglais, nous aurions maintenant moins de capitaux productifs, moins de numéraire, une population moins nombreuse et moins heureuse : alors les pertes que nous avons continuellement éprouvées dans notre commerce extérieur, n'auraient pas tardé à devenir sensibles aux yeux de tous, tandis qu'aujourd'hui elles sont niées et même considérées comme des causes de prospérité.

CHAPITRE VI.

CONCLUSION.

Nous dirons pour terminer notre travail, que si l'homme parlait toutes les langues, et pouvait être transporté, lui et sa famille, d'un point du globe à son antipode, avec la même facilité que les produits; s'il pouvait aller vivre sous tous les climats, partout où le travail est plus rémunéré, plus productif et les produits plus abondants, la liberté absolue dans la production et dans les échanges serait l'état le plus propre à contribuer au bonheur général, et le moyen le plus efficace pour y atteindre. Mais les hommes ont tous des lois, un pays, des parents qu'ils affectionnent, des mœurs, des habitudes, un langage qui les distinguent et les caractérisent, ils sont nés et ont vécu sous des climats qu'ils ne peuvent quitter impunément. Avant de rompre tous ces liens, la plupart souffrent la faim et la misère, et s'expatrier est souvent le plus grand de tous les maux. Il faut donc prendre l'humanité telle qu'elle est, et compter avec ses instincts et ses sentiments, quand il s'agit de s'occuper de son avenir et de son bonheur.

De ce que les hommes ne peuvent vivre indifféremment sur tous les points du globe, qu'ils sont attachés par des liens nombreux et presque indissolubles aux lieux qui les ont vu naître, qu'ils appartiennent à des sociétés où tous les associés souffrent de la souffrance générale et jouissent du bonheur commun ; qu'ils ont senti que la satisfaction de leurs besoins dépend d'un concours mutuel, et qu'ils sont solidaires les uns envers les autres, du bien de tous, ils se sont habitués à considérer le pays comme une unité exclusive et indépendante, ayant son existence propre, des intérêts distincts de celui des autres peuples, et très souvent en opposition directe.

La loi sur le travail et les échanges ayant une si grande influence sur la richesse et la population des États, il n'est pas étonnant qu'elle ait attiré toute l'attention des peuples et des gouvernements. Sa formule le plus généralement adoptée aujourd'hui, est la protection du travail national, comme source première et la plus féconde de la richesse, et les traités de commerce entre peuples, pour régler l'échange d'un produit contre un produit.

La science, partant d'un principe vrai mais absolu, veut établir sur la terre un marché immense, unique, où tous les producteurs des pays divers viendraient concourir pour échanger leurs produits, chacun selon sa force et sa capacité ; mais il est évident que les bénéfices du concours seraient en raison de cette force et de cette capacité ; et comme, sous ce rapport, une différence très grande existe entre les peuples, une nouvelle distribution de la richesse, dont les résultats sont incalculables, s'opérerait par ce nouvel ordre de choses. Toutes les sources de la production seraient troublées et

confondues : elles seraient taries dans beaucoup de pays pour
sourdre dans d'autres avec plus d'abondance. Des populations entières, privées de travail, dépériraient après de lon-
gues souffrances; d'autres absorberaient la plus forte partie
des profits de la production, et croîtraient en force et en
richesse.

Sans doute dans une vue spéculative plus générale, l'intérêt
de l'humanité n'est pas qu'il y ait quelques millions d'habitants de plus sur le globe, ni que ces quelques millions soient
plutôt sur un point que sur un autre. Le bien général serait
d'accroître le bien-être de l'homme en allégeant son labeur;
mais ce bienfait ne peut s'accomplir sans appauvrir certaines
nations pour en enrichir d'autres, et, sans compter les souffrances qui sont inévitables, n'y aura-t-il aucun danger dans
ce déplacement de puissance? la faiblesse n'aura-t-elle plus
rien à craindre de la force? la liberté des échanges modi-
fiera-t-elle le caractère de l'homme? les peuples comme les
individus n'ont-ils pas toujours abusé de leur force et de
leur richesse pour asservir les pauvres et les faibles? la
France, dans ses rapports avec l'Angleterre, n'en a-t-elle
pas la preuve dans ce moment? Certes, aussi longtemps que
les instincts de notre nature ne seront point changés, ou du
moins considérablement améliorés, chacun voudra se réser-
ver les moyens de résister à l'oppression, et c'est pour chaque
État la conservation et l'accroissement de sa richesse et de
sa population.

Sans doute la liberté absolue des échanges, en permettant de mettre les choses utiles directement en contact avec
les besoins de tous, en les plaçant sous la main de tous les
consommateurs, en augmenterait la consommation, conjoin-
tement avec les profits du travail. Mais les échanges ne se
font pas toujours dans des conditions également avantageuses
de part et d'autre. Un peuple, de même qu'un particulier,
peut consommer des produits sans en avoir donné en
échange; il peut en rester débiteur envers un autre peuple,
perdre sa richesse, devenir faible et dépendant, avec tous
les éléments qui lui donneraient la force et la puissance s'ils
étaient développés et fécondés.

Le défaut d'égalité dans les moyens de production étant,
comme nous l'avons dit, la cause qui altère l'avantage réciproque de la libre pratique du commerce entre les peuples,
et la protection étant le seul moyen préventif contre la consommation d'un produit étranger qui n'est pas obtenu par

un échange, et les traités de commerce un autre moyen d'é-
galiser les forces des producteurs, pour opérer les échanges
avec un mutuel avantage, nous sommes donc conduits à conclure que c'est pour les peuples les moins avancés dans l'œuvre de la production, le meilleur règlement et le plus efficace
pour conserver leur richesse présente et pour l'accroître
dans l'avenir.

FÉVRIER 1845.

Contraste insuffisant

NF Z 43-120-14